Werner Nemitz

Kriegsende

eines

HJ-Volkssturmsoldaten

Zu diesem Buch

Am 6. März 1945 mogelte ich mich im Alter von 15 ¾ Jahren in Stettin-Altdamm als Kriegsfreiwilliger in eine HJ-Volkssturmkompanie. Wehrpflichtig wurde man damals „erst" mit 16 Jahren.

Seitdem trage ich als unverblaßte Bilder oder wie kleine Video-Filme Erinnerungen an „meine" beiden letzten Kriegsmonate und an „meine" Nachkriegszeit mit mir herum.

Erst 1998/99 fand ich die Zeit und Innere Ruhe für einen Blick zurück auf diese Jahre, die mich entscheidend geprägt und zu einem Vertreter der Skeptischen Generation (Schelsky) gemacht haben.

Das Geschehen jener Tage erlebte ich aus der Froschperspektive eines einfachen HJ-Volkssturmsoldaten. Meine vereinzelten Erinnerungen waren deshalb zunächst wie Mosaiksteinchen, die zu demselben Gesamtbild gehörten, es aber noch nicht recht erkennen ließen. Das änderte sich, als ich gute Literatur durcharbeitete.

Weitere Mosaiksteine lieferten mir vier Zeitzeugen, die ich 1998 fand:

Hans Hedemann und Dr.med. Hans-Jürgen Schmeling (zwei ehemalige Kameraden aus unserer Kompanie), Gerd Wegner (ehemaliger HJ-Gebietsführer von Pommern) und vor allem Karl-Walter Rossdeutscher (1915-96), unseren von mir sehr hoch eingeschätzten, ehemaligen Kompanieführer. Persönlich konnte ich ihn leider nicht mehr sprechen. Er hatte aber unveröffentlichte, aufschlußreiche Aufzeichnungen über seine gesamte Militärdienstzeit, also auch über seine/unsere HJ-Volkssturmkompanie, hinterlassen, die mir seine Witwe freundlicherweise zur Verfügung stellte. Sie ließen mich erst jetzt vieles verstehen, was ich damals erlebt habe und nicht vergessen kann.

Auf diese Weise wurde meine frühere Froschperspektive durch eine Vogelperspektive ergänzt.

1989 schrieb Franz W. Seidler, Professor an der Universität der Bundeswehr in München und Verfasser einer wissenschaftlichen Monographie über den Deutschen Volkssturm: „Es gibt wenige Themen aus der Geschichte des Zweiten Weltkrieges, die so sehr unter dem Mangel an schriftlichen Quellen leiden wie das über den Deutschen Volkssturm."

Das gilt ganz besonders für das Kapitel ‚Werwolf', zu dem dieses Buch einen Beitrag leistet.

*

Werner Nemitz, Jg. 1929, war HJ- Volkssturmsoldat, „Frühheimkehrer", Landarbeiter, Schüler, Volksschullehrer, Student (Germanistik, Latinistik), Wiss. Assistent für Ältere Germanistik, Gymnasiallehrer und von 1971 – 94 Professor an der Pädagogischen Hochschule Karlsruhe mit einem Lehrauftrag für Didaktik und Methodik des Deutschunterrichts.

Werner Nemitz

Kriegsende

eines

HJ-Volkssturmsoldaten

1945 – 48

Erlebnisbericht und Recherche

ISBN 3-8311-0229-5

Juni 2000

Originalausgabe
Herstellung: Libri Books on Demand

Filiis duobus meis

Wie kann man sich selbst kennenlernen?

Durch Betrachten niemals, wohl aber durch Handeln.

Versuche, deine Pflicht zu tun, und du weißt gleich, was an dir ist.

Was aber ist deine Pflicht? Die Forderung des Tages.

J.W. von Goethe

Was wir [erlebt und] gehört haben und wissen und unsere Väter
uns erzählt haben, das wollen wir nicht verschweigen unseren
Kindern.

Psalm 78,4

1

Es schien ein ganz gewöhnlicher Tag zu werden, der 5. März 1945, ein Montag[1]. Wie an jedem Morgen verließen Klaus-Ulrich Leistikow und ich die Podejucher Pionierkaserne, in der seine Eltern eine Kantine bewirtschafteten. Bei ihnen war ich seit Herbst 1943 in Pension. An der Torwache vorbei eilten wir auf den nahegelegenen kleinen Bahnhof zu. Von dort fuhren wir zusammen mit anderen Fahrschülern mit dem Personenzug nur eine Station weit bis zum Stettiner Hauptbahnhof.

Dort hatten wir bei unseren Kurzaufenthalten schon allerlei erlebt, vor allem mittags vor der Heimfahrt, wenn überfüllte Flüchtlingszüge eintrafen. Morgens hielten wir uns dort aber nicht auf, sondern eilten zu Fuß weiter zum Schiller-Realgymnasium im Zentrum der Stadt.

Der Weg führte uns auf dem Bürgersteig des Bollwerks entlang: links Geschäfte, rechts die breite Fahrbahn und dahinter die Oder, auf der immer Schiffe fuhren oder angelegt hatten. Mir fielen in letzter Zeit die Litfaßsäulen besonders auf mit ihren häufig erneuerten Plakaten, auf denen desertierte, zum Tode verurteilte, hingerichtete Soldaten aufgelistet waren[2].

„Wie kann man nur so feige sein?" dachte ich in meinem jugendlichen Unverstand.

Wir passierten den Manzelbrunnen mit der Stettiner Symbolfigur Sedina, die Wohlstand, Handel und Schiffahrt verkörperte, ließen links den neugotischen Backsteinbau des Neuen Rathauses liegen und bogen auf der Grünen Schanze halbrechts auf den Paradeplatz ein. Unübersehbar standen dort auf der linken Seite der UFA-Palast, das Berliner Tor – ein nach 1720 von König Friedrich Wilhelm I. von Preußen gestiftetes, barockes Prunktor[3] -, das im Stil der italienischen Renaissance gebaute Generallandschaftsgebäude und der neugotische Backsteinbau der Oberpostdirektion.

Unser Schulweg aber war die rechte Seite des Paradeplatzes, wo mir vor allem das stattliche Gebäude des Kaufhauses Horst in Erinnerung geblieben ist. Danach überquerten wir den Kaiser-Wilhelm-Platz, den ein Reiterdenkmal schmückte.

Hier war auch die Haltestelle, an der ich immer ausstieg, als ich 1939-43 von meinem Elternhaus in Stettin-Braunsfelde (Raabeweg 73) mit der Straßenbahn Linie 7 zum Schiller-Realgymnasium fuhr.

Auf der Verlängerung des Paradeplatzes gingen wir dann in gleicher Richtung auf der Moltkestraße über die Augustastraße hinweg nur noch bis zur zweiten Querstraße, in der unsere Schule als Eckgebäude stand.

Ein Erinnerungsband über unsere Heimatstadt, 1975 herausgegeben von Hans Bernhard Reichow, dem letzten deutschen Stadtbaudirektor von Stettin, zeigt auf einem Foto die Fassade unserer Schule als Beispiel für einen bemerkenswerten älteren Stettiner Schulbau.

Am 5. März 1945 war dieses Gebäude allerdings bereits weitgehend zerstört durch zwei Luftangriffe. Die wenigen noch verbliebenen Schüler hatten darin trotzdem mehr Platz als genug; denn viele Klassen waren ausgelagert worden. Mein jüngerer Bruder Lothar und der gleichaltrige Bruder von Klaus lebten z.B. mit ihren Klassen seit 1943 in einem KLV-Lager[4] auf der Insel Rügen. Die Obersekundaner und Primaner waren längst eingezogen und dienten als Luftwaffenhelfer, Arbeitsmänner oder Soldaten.

Was sich am 5. März 1945 in unserer Untersekunda einfand, war also nur noch ein kleines Häuflein. Früher hatte unsere Klasse aus Schülern der Jahrgänge 27, 28, 29 bestanden. Jetzt war der Jg. 27 schon beim Militär, wie z.B. Günter Frings, den wir immer nur den Seemann nannten, weil er unbedingt zur Kriegsmarine wollte. Sein Wunsch war inzwischen in Erfüllung gegangen.

Unsere Klassenkameraden vom Jg. 28 dienten als Luftwaffenhelfer in den umliegenden Stettiner Flakstellungen und wurden dort nur einmal wöchentlich von unserem Lehrer Dr. Marzisch „unterrichtet".

Klaus und ich beneideten sie, die uns im Alter am nächsten standen, und beklagten, daß wir noch immer nicht gebraucht wurden. Geboren am 15.4.1929 (Klaus) und am 8.6. mußten wir „leider" noch einige Wochen ungeduldig auf unseren Gestellungsbefehl warten, den man damals an seinem 16. Geburtstag zugeschickt bekam.

Wie der Unterricht am 5. März 1945 aussah, weiß ich nicht mehr. Wir nahmen ihn ja auch schon lange nicht mehr ernst. Unsere Lehrer waren damals fast ausschließlich aus dem Ruhestand geholte ältere Herren, Jahrgänge also, die man 50 Jahre später Grufties nannte. Alle jüngeren Lehrer waren Soldat. Über ihr Schicksal erfuhr man nur in seltenen Fällen etwas. Unser Biologielehrer Foderberg soll z.B. in Stalingrad gefallen sein.

Von besonderer Bedeutung wurde für mich Studienrat Neitzel, mein Sportlehrer in der Sexta, den ich nach der Umschulung Ostern 1939 leider nur kurz bis zu den Sommerferien hatte, weil er bei Kriegsbeginn sofort eingezogen wurde und danach nicht mehr in der Schule auftauchte.

Er war ein Handball-Enthusiast. Bei den Spielen im Unterricht achtete er peinlich genau auf das Einhalten der Regeln. Angenommene Bälle mußten sofort weitergegeben werden oder durften allenfalls einmal aufgeprallt werden. Das brachte Tempo ins Spiel und verlangte gute Kondition. Mir machte das Spaß.

Unvergeßlich bleibt mir auch die erste Turnstunde in der Halle. Studienrat Neitzel wollte sehen, was wir am Reck schon konnten. Damit traf er bei mir ins Schwarze; denn das Reck war mein Lieblingsgerät, weil wir im Garten unseres Reihenhauses auch eins hatten. Daran turnte ich wie ein Affe tagtäglich herum. Leichtgewichtig, bewegungsfreudig und gelenkig, wie ich damals war, hatte ich mich sicher und fest im Griff. Auf Wunsch konnte ich völlig unverkrampft zwölf ruhige Klimmzüge vorzeigen, und spielerisch hatte ich im Alleingang allerlei gelernt: Kniewellen mit dem linken/rechten Bein, mit beiden Beinen, Bauchwellen (das alles vor- und rückwärts), Felgaufschwung, Kreuzaufzug und den beliebten Knieabgang. Dieses Repertoire an Reckübungen konnte damals niemand in unserer Sexta überbieten. Schon gar nicht Stephan, ein Drogistensohn, mein Kontrastprogramm. Er war für sein Alter recht groß und auffallend übergewichtig. Ihn mußte man ans Reck heben. Dort versuchte er, sich festzukrallen. Vergebens! Seine Hände öffneten sich langsam, und er plumpste herunter.

Zu Beginn dieser Turnstunde hatten wir uns der Größe nach in Linie zu drei Gliedern aufstellen müssen. Ich war als Kleinster der Gegenpol zum rechten Flügelmann. Am Schluß der Stunde „beförderte" Studienrat Neitzel mich zum Riegenführer, und ich rückte vom letzten Platz auf den ersten auf. Dieses beglückende Erlebnis wirkte sich, wie ich heute weiß, nachhaltig auf meine ganze spätere Entwicklung aus.

Auch bei den vielen Raufereien in unserer Jungenklasse „stand ich meinen Mann". Meine stärkste Waffe war der „Schwitzkasten". Wer auch immer in meinen Würgegriff geriet, konnte sich erfahrungsgemäß daraus nicht mehr befreien. Meine Raufbrüder gaben in dieser Situation deshalb sofort auf.

So kam es, daß ich zwar sechs Jahre lang der Kleinste in der Klasse blieb, aber dennoch kein Spielball der anderen war, sondern immer respektiert wurde.

Es gibt Nachrichten, die sich wie ein Lauffeuer ausbreiten. Auf diese Weise sprach sich am 5. März plötzlich herum, daß in unserer Banndienststelle ein HJ-Bataillon aufgestellt werden sollte. Klaus und ich hetzten sofort dorthin. Trotzdem waren wir nicht die Ersten. Immer mehr Jugendliche fanden sich ein. Nach einiger Zeit erschienen mehrere „Höhere Dienstgrade" in braunen Uniformen. Wir mußten uns der Größe nach in Linie zu einem Gliede aufstellen, und dann schritt die

„Musterungskommission" langsam die Front ab. Ich stand wie gewohnt weit hinten, Klaus weiter vorn. Ich behielt ihn im Auge und sah, daß die Kommission schon an ihm vorbei war, langsamer wurde, stehen blieb und daß einer dann den rechten Arm hob, ihn zwischen zwei Jugendlichen fallen ließ und sagte: „Bis hierher können wir Euch nehmen. Ihr anderen seid noch zu klein. Ihr könnt nach Hause gehen".

Ich war wie vernichtet und wollte nicht akzeptieren, daß bei einer so wichtigen Entscheidung allein die Körpergröße das Auswahlkriterium sein sollte.

Zutiefst enttäuscht, aber noch nicht ganz ohne Hoffnung, kehrte ich alleine zu Frau Leistikow in die Podejucher Pionierkaserne zurück. Entsetzt und mit Recht besorgt um ihren Sohn hörte sie sich an, was ich über diesen ungewöhnlichen Schulvormittag berichtete.

„Was nun, Werner?" fragte sie.

Die Antwort hatte ich mir schon auf dem Heimweg überlegt.

„Das kann man mit mir nicht machen", sagte ich. „Ich ziehe mir meine HJ-Uniform an und melde mich als Kriegsfreiwilliger bei dem Kompanieführer von Klaus. Er wird mich dann schon nehmen."

Frau Leistikow hielt mich mit keinem Wort zurück; denn es war, wie sie mir später sagte, für sie immer eine gewisse Beruhigung, wenn ich mich in der Nähe ihres Sohnes aufhielt. Nach ihrer Einschätzung war ich ein besonnener Junge. Um Klaus mußte sie sich dagegen Sorgen machen, weil er seit seiner frühesten Kindheit schwache Augen hatte. So lange ich ihn kannte, trug er eine Brille mit starken Gläsern. Optisch nahm er manches nicht wahr oder wenigstens nicht so schnell wie andere. Auch gewisse Unsicherheiten in seinen Körperreaktionen resultierten daraus.

Überragend aber waren seine Phantasie und seine Beredsamkeit. Wo immer man im Unterricht das eine oder andere oder gar beides ausspielen konnte, glänzte er. Auch im Jungvolk machte er auf Grund dieser besonderen Begabung Karriere und brachte es – ebenso wie der „Seemann" Günter Frings – bis zum Jungstammführer. Das bedeutete damals schon etwas.

Mit einem großen Wort, das ich bewegt und ernst aussprach, verabschiedete ich mich von meiner Pflegemutter.

„Frau Leistikow", sagte ich, „entweder kommen wir beide zurück oder aber keiner von uns."

So sprechen Jugendliche im Überschwang ihrer Gefühle. Gut, daß sie in diesem Alter noch nicht in jedem Falle voll beim Wort genommen werden. Aber daran dachte ich damals nicht, als ich davonradelte.

2

Stettin-Altdamm war am 6. März 1945 der Aufenthaltsort der gesuchten Kompanie. Er lag nur etwa 4 km nördlich von Stettin-Podejuch auf der Ostseite der Reglitz/der Ost-Oder gleich hinter Stettin-Finkenwalde. Mit dem Fahrrad war ich schnell dort. Am Stadtpark erschrak ich sehr. Man hatte ihn zu einer Hinrichtungsstätte umfunktioniert. An den Bäumen hingen viele zum Tode durch den Strang Verurteilte. Es waren keine Deserteure in Uniform, sondern Plünderer, wie ich im Vorbeifahren auf Schildern las.

„Könnten nicht auch Unschuldige darunter sein?" dachte ich noch, „Menschen, sogenannte Fremd- oder Ostarbeiter, die der Hunger in bereits leerstehende Häuser getrieben hatte, deren Delikt also lediglich Mundraub war?"

Doch zum Hinterfragen blieb keine Zeit. Schneller als erwartet stand ich vor dem Kompanieführer Rossdeutscher, den seine Tapferkeitsauszeichnungen als erfahrenen Frontsoldaten auswiesen. Er war mir vom ersten Augenblick an sympathisch.

Ich trug meine Bitte vor und erschrak, als er, statt sofort zuzustimmen, mich mit der Frage überraschte, was meine Eltern dazu sagten. Wahrheitsgemäß antwortete ich, daß mein Vater schon am 5. Oktober 1939 gestorben und meine Mutter mit meinem jüngsten Bruder evakuiert worden sei. Ihren derzeitigen Aufenthaltsort kannte ich angeblich nicht. Meinen Entschluß hätte ich deshalb ohne Absprache mit ihr alleine treffen müssen.

„Wenn das so ist, bleibst Du eben hier", lautete daraufhin seine erlösende Antwort. „Einkleiden mußt Du Dich als Nachzügler selbst. Uniformen gibt es mehr als genug in der ‚Kleiderkammer' im benachbarten Schulgebäude".

Ich begrüßte rasch die mir bekannten Kameraden, vor allem Klaus, und suchte anschließend nach dem „Kleiderbullen". Da ich ihn nicht fand und die Schule abgeschlossen und menschenleer war, stieg ich mit Hilfe eines Kameraden, der seine Hände vor dem Bauch gefaltet hatte, durch ein dafür geeignetes Fenster im Hochparterre ein. Schnell fand ich das Gesuchte. Meine HJ-Uniform legte ich ab, und in einer Mischung aus Flieger-HJ- und Luftwaffenhelfer-Uniform kehrte ich zu meinen Kameraden zurück, deren Quartier die Schulturnhalle war.

Gleich danach begann der Dienst in einem offenen Gelände. „Hinlegen! – Sprung auf, marsch, marsch!" lauteten die Kommandos. Dazwischen mußten wir uns „robbend" nach vorne bewegen. Das war uns nicht fremd. Bei der HJ hatten wir das oft genug geübt. Aber des Guten kann man bekanntlich nie zu viel tun. Mir machte das Spaß. Ich fühlte mich endlich „für voll genommen" und keineswegs überfordert. Zu einem Problemchen wurde nur mein Stahlhelm. Er war viel zu groß. Bei jeder Bodenberührung rollte er mir vom Kopf. Immer wieder mußte ich ihn mir überstülpen. Der Zugführer, Feldwebel und erfahrener Frontsoldat, riet mir, das Innenband mit Zeitungspapier auszupolstern. Das half wirklich.

Über die Gesamtlage an den Fronten machte ich mir damals – heute schwer verständlich – keine beunruhigenden Gedanken. Daß die Russen nicht mehr weit weg sein konnten von Altdamm, ließ sich aus dem Geschützdonner schließen, den man in der Ferne schon deutlich hören konnte. Einschläge in unserer Nähe gab es allerdings noch nicht. Trotzdem hielt man es für richtig, unsere gerade erst auf ihre Soll-Stärke gebrachte Kompanie in der folgenden Nacht auf die Westseite der Oder zu verlegen. Der mitternächtliche Marsch über die Reglitz- und die Oderbrücke zum Stadtteil Stettin-Nemitz bleibt mir unvergeßlich[5].

Aufschlußreich für die Einschätzung der militärischen Lage damals sind im nachhinein die folgenden beiden Abbildungen:

Abb.1

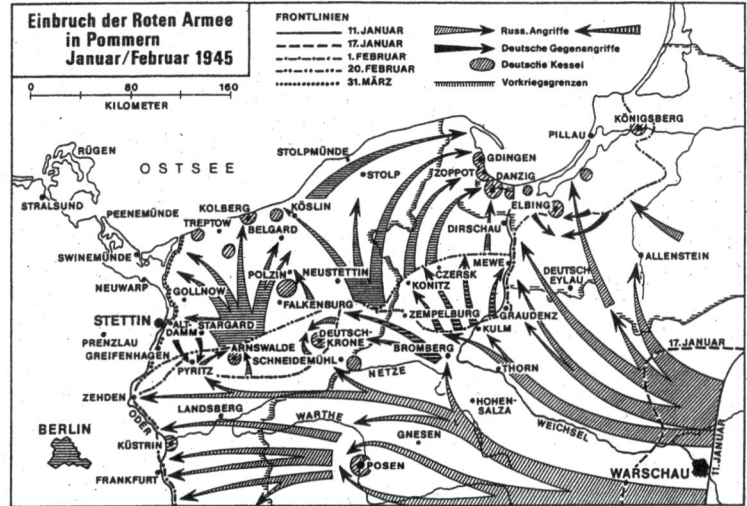

Abb.2

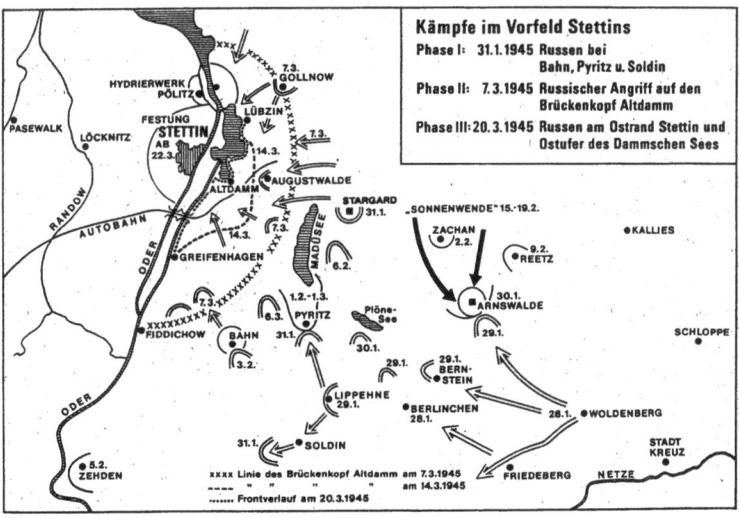

3

Die von mir am 5./6. März 1945 getroffene, folgenschwere Entscheidung war zweifellos falsch und unvernünftig. Richtig und vernünftig wäre es gewesen, statt mit dem Fahrrad zu der HJ-Kompanie Rossdeutscher nach Altdamm zu fahren, in Gegenrichtung etwa 25 km zu meiner Mutter nach Penkun zu radeln, wohin sie 1943 meinem dorthin evakuierten jüngsten Bruder gefolgt war. Diese Strecke hatte ich bei meinen Wochenendbesuchen schon sehr oft zurückgelegt. Auf den ersten sechs Kilometern passierte ich Stettin-Sydowsaue, und ab Stettin-Klütz benutzte ich die Autobahn, auf der seit Ende Januar 1945 pausenlos Trecks aus dem Osten über die beiden rettenden Reglitz-/Oder-Autobahnbrücken hinweg nach Westen zogen. Von Penkun aus hätte ich dann sofort meinen Bruder Lothar aus dem KLV-Lager Binz auf Rügen nach Hause holen, mit meiner Mutter die Flucht vorbereiten und rechtzeitig in den sicheren Westen fliehen müssen.

An diese Alternative habe ich damals aber keinen Augenblick gedacht; denn ebenso wie ein großer Teil meines Jahrgangs hatte auch ich die Nazi-Propaganda und -Ideologie aufgenommen wie ein trockener Schwamm. Nun war ich entsprechend programmiert.

Begonnen hatte alles 1938 mit einem Besuch Hitlers in Stettin und einer großen Parade. Bis dahin war ich als Lehrerssohn in zwei kleinen, abgelegenen Gutsdörfern in Kolkau Kreis Lauenburg und in Armenheide Kreis Randow aufgewachsen. Hier gab es Landarbeiter und Kleinbauern, den Gutsherrn, den Lehrer und den Förster, also nur unspektakuläres pommersches Landleben.

Dann aber hatte sich mein Vater nach Stettin versetzen lassen, weil er seinen drei Söhnen den Besuch des Gymnasiums ermöglichen wollte.

In dieser Gauhauptstadt mit seiner starken Garnison beherrschten Uniformen das Straßenbild, und es gab viele Anlässe, die Stadt in ein Fahnenmeer zu tauchen. Das alles kulminierte bei Hitlers Besuch und machte auf mich, das unbedarfte, neunjährige Kind vom Dorfe einen gewaltigen, unauslöschlichen Eindruck. Als „Einquartierung" bekamen wir in unserer Mietwohnung in der Mönchenstraße 17/18 einen Tambourmajor. Er war ein Bild von Mann, ähnlich eindrucksvoll wie der in Büchners Woyzzek. Bei dem großen Vorbeimarsch gingen mir die Augen über. Dort paradierten Abteilungen aller Waffengattungen, Einheiten der verschiedenen Parteigliederungen, auch HJ und BDM, wenn ich mich recht erinnere. Der Zug wollte gar kein Ende nehmen. Als „unser" Tambourmajor die Ehrentribüne passierte, warf er seinen Stab hoch in die Luft und fing ihn sicher wieder auf. Es gab keine Panne. Jedenfalls konnte ich keine Fehlleistung entdecken. Schade, dachte ich, daß du vorerst noch nicht dabei sein darfst.

Ein Jahr später war es soweit. Mit zehn Jahren wurde ich Pimpf und damit Uniformträger. 1943 trat ich mit 14 Jahren in die Flieger-HJ ein, in der ich nach einem Jahr immer noch nicht im Schulgleiter fliegen durfte, weil ich noch immer zu klein (mein Schicksal) und zu leicht war. Ich schwänzte daraufhin längere Zeit den Dienst und wurde deshalb in die sogenannte Stamm-HJ strafversetzt.

Irgendwann nahm ich an einem Zeltlager an der Ostsee teil, das ich in guter Erinnerung habe, und im Herbst 1942 fuhr ich zum „Kartoffeleinsatz" auf ein hinterpommersches Gut bei Bad Polzin.

Nach einer begeisternden Werbeveranstaltung der Kriegsmarine in unserer Obertertia meldeten sich Klaus-Ulrich und ich freiwillig als Offiziersanwärter bei dieser Waffengattung an. Zur Belohnung dafür waren wir Mitte Juli 1944 eine Woche lang Gäste bei der Kriegsmarine in Gotenhafen, wo man uns sehr viel zeigte und von wo wir auf Vorpostenbooten sogar kurz „in See stachen"; ich an Deck als Assistent des Signalgastes. Wir besuchten Danzig, legten am Krantor an, vertraten uns an Land die Füße, legten wieder ab und kehrten nach Gotenhafen zurück. Auch das war ein unvergeßliches Erlebnis.

Anschließend besuchte ich meine Großmutter mütterlicherseits, die in Danzig wohnte, und einen Onkel, der in der Weichselniederung in Schmerblock einen Bauernhof hatte. Hier erfuhr ich von dem „dank der Vorsehung" mißglückten Attentat auf Hitler.

Mein nächster Arbeitseinsatz führte mich mit einer HJ-Einheit zum Bau des „Pommernwalles" auf den Truppenübungsplatz Groß Born bei Neustettin. Dort hoben wir wochenlang Panzer- und Schützengräben aus. Untergebracht waren wir auf den geräumigen Dachböden der zweistöckigen Kasernen. Wir benutzten die sanitären Anlagen des Hauses und wurden aus der Soldatenküche verpflegt. In großen Blechkannen holten wir uns gruppenweise den Kaffee. Außer der Arbeit gab es HJ-Dienst, dessen Notwendigkeit wir nicht immer einsahen.

Als eine kleine Gruppe sich eines Tages drückte, um lieber Skat zu spielen, wurde auch ich von der „Streife" erwischt und bekam „3 Tage Strafkompanie" aufgebrummt. Hier erlebte ich meine lustigsten Arbeitstage. Da in dem sandigen Gelände die Grabenwände immer wieder einstürzten, mußten wir Faschinen bauen, d.h.: Pfähle in die Erde rammen und Zweige von Nadelbäumen dahinterschieben. Aus der Materialbeschaffung machten wir ein Spiel. Wir kletterten auf die mittelgroßen Kiefern, schwankten oben hin und her, ließen plötzlich die Füße in der Luft hängen und brachen daraufhin mit den Baumspitzen herunter. Auf diese Weise hausten wir in dem Wäldchen wie die Vandalen.

Die „HJ.-Infanterie" geht zum Sturm an Land   Photos: Gerardi

Der Verfasser in HJ-Uniform beim Sprung aus dem Schlauchboot während eines Übersetz- und Lande-
manövers, über das die Pommersche Zeitung in Wort und Bild am 12.6.1944 ausführlich berichtete
unter der Überschrift

Sturmboote preschten über die Oder

**Hitlerjungen bei Sturmbootpionieren zu Gast – Ein „zünftiges Gefecht" - Schlußprüfung
der NSKK.-Sturmbootfahrer – Eine gelungene Werbung für den Einsatz der Pioniere**

Alle diese Erinnerungen belegen, daß wir in vielerlei Hinsicht vormilitärisch geschult
wurden.

Überhaupt waren wir stark auf das Militär fixiert. Soldaten wie z.B. Mölders, Galland,
Prien, Kretschmer, Rommel und die vielen Ritterkreuzträger wurden zu unseren
Idolen. Ihnen wollten wir nacheifern. Deshalb wurden wir noch am 5./6. März 1945
freiwillig Volkssturmsoldaten in dem Stettiner HJ-Bataillon Murswiek.

Dieses Verhalten von uns Kindersoldaten der letzten Kriegswochen und unser
Bewußtsein von damals anderen verständlich zu machen ist unglaublich schwer.
Besonders gut gelungen ist dies Martin Greiffenhagen (Jg. 1928, Luftwaffenhelfer,
später Professor für Politikwissenschaft) in seinem 1988 erschienenen Buch: Jahrgang
1928:

„ Eine Generation nennen wir uns, die ,weißen Jahrgänge' der 1928 und 1929 Geborenen, in dem deutlichen Gefühl, daß wir anders sind als unsere nur um drei Jahre älteren oder jüngeren Geschwister. Der ältere Bruder weiß nichts von Wehrertüchtigungslagern, Schanzeinsätzen, Flakhelferdienst und Volkssturm; er war Soldat in Frankreich und Rußland. Die jüngere Schwester weiß nichts von Arbeitsdienst, Ernteeinsatz und anderen ,Dienstverpflichtungen'; sie war zu Hause. ... Wenn der NS-Staat je eine Generation in den Fängen hatte, dann waren wir es. Der Nationalsozialismus war unsere politische Welt. Wir kannten nichts anderes, nahmen ihn hin und fanden es natürlich, daß viele Institutionen von ihm geformt waren und die Unterscheidung von privat und öffentlich nicht gelten sollte. Die NS-Emblematik beherrschte unsere Lebenswelt. Die Presse-, Rundfunk- und Filmkontrolle sorgte für eine ideologische Einsinnigkeit, der wir uns am wenigsten entziehen konnten. ... ,Gegensozialisation' war nur in engen Grenzen möglich."[6]

Martin Greiffenhagen hatte mir gegenüber den großen Vorteil, daß sein Vater damals noch lebte und als Pfarrer Mitglied der Bekennenden Kirche war. Er hörte deshalb in seinem Elternhaus auch kritische Äußerungen über das „Dritte Reich". Ich dagegen hatte niemand, der mich vor der NS-Ideologie hätte schützen können. Ich war ihr voll ausgeliefert, da mein Vater kriegsbedingt leider schon am 5. Oktober 1939 starb, als ich erst zehn Jahre alt war.

4

Leutnant Karl-Walter Rossdeutscher (1915-1996), unser Kompanieführer, war ein bewundernswerter, vorbildlicher Mensch. –

Schon sehr früh verlor er seine Eltern. Zusammen mit seinem jüngeren Bruder nahm ihn die Familie der Schwester seiner Mutter auf. Hier wuchsen die Beiden mit zwei Pflegeschwestern heran.

Die Pflegeeltern (Mutti und Vater) besaßen in Warenshof bei Waren/Mecklenburg eine kleine Landwirtschaft: zwölf Morgen Land, einige gepachtete Wiesen, fünf Kühe, mehrere Schweine, ...

Der Vater, ein durch Malaria gesundheitlich beeinträchtigter Ingenieur, arbeitete als Vorarbeiter in einer Fabrik. Da auch die Mutter sich auf dem Lande bereits krank gearbeitet hatte, mußte der überwiegende Teil der täglich anfallenden landwirtschaftlichen Arbeiten von den vier Kindern geleistet werden.

Karl-Walter war ein begabter Junge. Deshalb schickte man ihn auf das etwa vier km entfernte Gymnasium in Waren, das er bis zur Untersekunda besuchte; im Hinblick auf die beschriebenen häuslichen Verhältnisse eine erstaunliche Leistung.

Nächster Schritt: die Elektrikerlehre. Bei seiner Einstellung sagten die Pflegeeltern dem Lehrherrn: „Er ist interessiert, kräftig, ehrlich und fleißig; nur schlagen läßt er sich nicht."

Seine äußerst knapp bemessene Freizeit verbrachte er 1932 in einer Gruppe von etwa zwölf Jungen, die gemeinsam zelteten, sangen, Heimabende veranstalteten und Sport trieben. Es war eine HJ-Gruppe, in die er geraten war und in der er vor 1933 Mitglied wurde, wofür er bald danach das HJ-Ehrenzeichen (das Goldene HJ-Abzeichen) bekam.

Als Lehrling verrichtete er schon im ersten Lehrjahr selbständig Elektro-Arbeiten in Waren und im Umkreis dieser Stadt. Sein Lehrherr und die Kunden schätzten ihn als tüchtigen Handwerker.

In der HJ zeigte sich früh, daß er Jugendliche motivieren und führen konnte. Er wurde Scharführer, Gefolgschaftsführer, Unterbannführer. In dieser (ehrenamtlichen) Funktion betreute er ein Kreisgebiet mit den Städten Waren, Malchow, Röbel und Penzlin, das sich ungefähr deckte mit seinem Kundenbezirk.

Da sein Lehrherr ihm inzwischen ein Motorrad zur Verfügung gestellt hatte, konnte er beide Aufgaben, die des Elektrikers und die des HJ-Führers, miteinander verknüpfen und bewältigen. Für andere Aktivitäten blieb keine Zeit mehr.

Nach der Gesellenprüfung meldete er sich freiwillig für ein Jahr zur Wehrmacht. Kurz vor seiner Entlassung wurde der einjährig-freiwillige Wehrdienst per Gesetz in einen zweijährigen „Ehrendienst" umgewandelt. Karl-Walter Rossdeutscher bedauerte das sehr; denn er hatte klar erkannt, daß er für den „preußischen Barras" nicht die richtigen Gene besaß. Die harte Ausbildung machte ihm zwar nichts aus; aber mit den Schikanen vieler Ausbilder, der Arroganz vieler Vorgesetzter und mit der höheren Wertigkeit des Dienstranges im Vergleich zu menschlichen Qualitäten konnte er sich nicht abfinden. Deshalb wollte er nie Berufsoffizier werden.

Nach dem Wehrdienst wechselte er den Arbeitsplatz. Bei den Arado-Flugzeugwerken in Rostock-Warnemünde half er nun beim Bau des legendären Jagdflugzeuges Me 109. Diese gut bezahlte Arbeit empfand er aber bald als zu eintönig. Deshalb nahm er gerne das Angebot an, als Jungbannführer in den Kreisen Anklam und Pasewalk und auf den Inseln Usedom und Wollin die 10-14 jährigen Pimpfe zu betreuen. Es wurde, wie er später rückblickend sagte, „ seine am schlechtesten bezahlte, aber schönste Berufstätigkeit".

Leider war dieses Glück nur von kurzer Dauer; denn Ende August 1939 bekam er seinen Gestellungsbefehl zur Wehrmacht.

Während des Polen-Feldzuges diente er als Ausbilder (Unteroffizier) auf dem Truppenübungsplatz Groß-Born.

Am Frankreich-Feldzug nahm er in einer Fernsprechkompanie teil.

In Rußland mußte er gleich zu Beginn am 22. Juni 1941 um 1.50 Uhr einmarschieren. Im Range eines Feldwebels war er zunächst verantwortlich für Fernmeldeverbindungen von einem Divisionsstab nach vorne zu den Regimentern und nach hinten zum Armeekorps. In der Schlacht von Kowno geriet er als Späh-Kradmelder vorübergehend in einen deutschen Kessel, der in einem größeren russischen steckte. Für „sein zwar eigenmächtiges, aber umsichtiges Verhalten vor dem Feinde" in dieser Situation erhielt er schon nach wenigen Tagen das EK II.

Als Offizier der Nachrichtentruppe – die Nachricht von seiner Beförderung zum Leutnant mit Wirkung vom 1. Juni 1941 erreichte ihn mit dreimonatiger Verspätung erst im September 1941 -, beteiligte er sich an dem weiteren Vormarsch, bis ihr Angriff bei Smolensk im Schlamm stecken blieb. Nachdem anhaltender Frost die Straßen wieder befahrbar gemacht hatte, ging es über Rschew, Stariza, den Fluß Beresina, im Norden an Moskau vorbei, über Kalinin hinaus weiter Richtung Nordost, bis der harte russische Winter die erschöpften deutschen Angriffstruppen stoppte und ausgeruhte russische Truppen aus Sibirien sie zum Rückzug zwangen. Dabei geriet Lt. Rossdeutscher mit 30 Nachrichtensoldaten in harte Abwehrkämpfe, blieb mit ihnen hinter der Front zurück und erreichte die deutsche Auffangstellung mit seinen Leuten erst nach etwa zwei Wochen. Für diese Führungsleistung und die dabei ausgestandenen Kämpfe erhielt er schon Ende 1941 das EK I, das sein kurz zuvor gefallener Regimentskommandeur für ihn eingereicht hatte. Seine 30 Nachrichtensoldaten bekamen ohne Ausnahme das EK II. Ein bei der Nachrichtentruppe vielleicht einmaliger Vorgang.

Einige Wochen zuvor war er mit einer Beförderungssperre bestraft worden, weil er sich geweigert hatte, sabotageverdächtige Russen zu erschießen. Vor dem Kriegsgericht hatte ihn nach seiner Einschätzung wohl nur das HJ-Ehrenzeichen gerettet, das er damals fast immer trug und dessen Träger auch als Soldaten unter dem Schutz des damaligen Reichsjugendführers Baldur von Schirach standen.

Es folgte die Versetzung zur Heeresgruppe Süd nach Poltawa und Stalino; danach Abkommandierungen in den Kaukasus, den Kuban-Brückenkopf, auf die Krim, nach Eupatoria.

Als Lt. Rossdeutscher begriff, daß der Gröfaz („Größte Feldherr aller Zeiten") Hitler für seine zu weit gesteckten Ziele (die Ölquellen von Batum und Baku und die Landverbindung zur Türkei) die gesamte Stalingrad-Armee zu opfern bereit war, entfernte er das HJ-Ehrenzeichen von seiner Wehrmachtuniform aus Enttäuschung über dieses Verhalten des von ihm zuvor verehrten „Führers".

Später mußte Lt. Rossdeutscher auch die Aufgaben eines NS-Führungsoffiziers übernehmen. Den obligatorischen Politischen Unterricht führte er nach Art der Sandkastenspiele in Generalstäben durch. D.h.: es kamen bei ihm politische Gegner (rot) und eigene Parteigänger (blau) zu Wort. Bei diesen „Rollenspielen" gab es so manche freimütige Aussage, aber dank Rossdeutscher nie irgendwelche Sanktionen.

1944 wurde er zur Heeresnachrichtenschule Flensburg abkommandiert. Die Ausbildung dort war anspruchsvoll. Der erfolgreiche Abschluß wurde nach dem Kriege mit einem Ingenieurdiplom gleichgesetzt.

Diese Chance ließ Lt. Rossdeutscher sich leider entgehen, als auch hier der „Helden-klau" umging und sich drei Offiziere seines Ausbildungslehrganges „freiwillig" zur Infanterie melden sollten. Niemand wollte sich „opfern". Daraufhin ging Lt. Rossdeutscher wieder einmal mit gutem Beispiel voran. Es war, wie er später feststellen mußte, der größte Fehler seiner achtjährigen Militärzeit.

Zunächst setzte man ihn in der Lüneburger Heide als Ausbilder in einem neu aufgestellten Regiment ein, dessen Rekruten Slowenen waren. Dann wurde er nach Nord-Norwegen abkommandiert zu einer Einheit, die einen Küstenstreifen zu bewachen hatte.

Dort erfuhr er zu seiner Überraschung, daß die Reichsjugendführung im Spätsommer seine Uk-Stellung (sein Ausscheiden aus der Wehrmacht) beantragt hatte. Man ließ ihn zunächst als HJ-Bannführer von Greifswald und Anklam tätig sein und erteilte ihm anschließend (etwa Mitte Februar 1945) den Auftrag, in Pasewalk mit der Aufstellung und Ausbildung unserer HJ-Volkssturmkompanie zu beginnen, die Anfang März 1945 in Stettin ergänzt wurde.

In seinen unveröffentlichten Aufzeichnungen aus den Jahren 1983/84 schreibt er dazu:

Wir übernahmen unsere Haufen (16-17 jährige[7] aus der Hafengegend von Stettin) in Pasewalk, bildeten sie in Verteidigung und hinhaltendem Widerstand aus und versuchten, ein gewisses Zusammenhaltsgefühl zu erzeugen. Unser Bataillonskommandeur war Werner Murswiek, den ich gut kannte. Als Zug- und Gruppenführer hatten wir Feldwebel und ältere Unteroffiziere. Zusätzlich waren jeder HJ-Kompanie noch vier BDM-Führerinnen zugeteilt, die die halbwüchsigen Jungen beim Wäschewaschen, Strümpfestopfen u.ä. beraten sollten und gleichzeitig unseren Sanitätstrupp bildeten. Wir trugen Flieger-HJ-Uniform ohne Armbinden. Ich wurde mit drei verschiedenen Titeln angesprochen: von Hans-Jürgen Steinert-Schmeling, meinem Adjutanten, den ich auf seinen Wunsch aus Greifswald mitgenommen hatte, mit „Bannführer" nach meiner Dienststellung. Von den Jungen dieser Kompanie, meinem Dienstgrad entsprechend, mit „Oberstammführer", von den Feldwebeln und Unteroffizieren mit „Herr Leutnant". Ich hatte auch jederzeit meine Wehrmachtuniform dabei und trug sie nach Gutdünken, den Verhältnissen entsprechend und mit wem ich es gerade zu tun hatte.

Mir war er bei unserer ersten Begegnung in Stettin-Altdamm als Leutnant gegenübergetreten. Nur so habe ich ihn stets angesprochen, und so werde ich ihn auch immer dankbar in Erinnerung behalten.

5

Am 10. März 1945 war der Standort unserer Kompanie Stettin-Pölitz. Von dort schrieb ich stolz meine erste Feldpostkarte. Als vermeintlich letztes Lebenszeichen hat meine Mutter sie zusammen mit meinen drei Feldpostbriefen vom 18., 20. und 24. März 1945 auf ihrer dramatischen Flucht gerettet. So kam ich wieder in ihren Besitz. Der Wortlaut beweist, daß ich das Ganze mit kindlichen Augen als Abenteuer betrachtete, dessen Gefahren für Leib und Leben mir überhaupt nicht bewußt waren.

Pölitz, den 10.3.1945

Liebe Mama und Manfried!

Seit gestern liegen wir in Pölitz. Eben war ich mit einer vereiterten Blase in Falkenwalde. Ich habe noch Sachen bei Frau Breitung abgegeben. Aus dem Keller holte ich mir zwei Gläser Kirschen. Frau Marquardt (unsere Reihenhausnach-barin) ist auch schon weg. Sonst gefällt es mir hier sehr gut. Herr Vogt kennt ja diese Gegend. Das Essen ist gut und reichlich. Der Dienst ist auch nicht allzu schwer. Wir werden wohl vorläufig hier bleiben. Da kannst Du gleich noch schreiben. Ich möchte gerne wissen, was Ihr da noch macht. Sonst gibt es nichts Neues. Mir geht es gut. Hoffe von allen das Gleiche. Recht herzliche Grüße sendet Euch sowie Familie Vogt Euer Werner.

Abs.: W. Nemitz, Stettin-Pölitz, Stadtschule, 3. Kompanie, 3. Zug, 4. Gruppe[8].

*

1939 war es in Stettin zu vielen Eingemeindungen gekommen. Sie betrafen auch Podejuch, Altdamm und das kleine, 16 km nördlich von Stettin am Westufer der Oder gelegene Städtchen Pölitz, das damals nur 6430 Einwohner zählte. Das änderte sich bald, weil dort seit 1938 ein großes Hydrierwerk entstand, in dem aus minderwertigen Erdölrückständen und Steinkohle nach dem Verfahren von Prof. Bergius Benzin gewonnen wurde. Über das damalige Deutsche Reich verteilt, gab es schließlich 90 weitere Werke dieser Art von unterschiedlicher Größe, die noch im März 1944

Abb.3

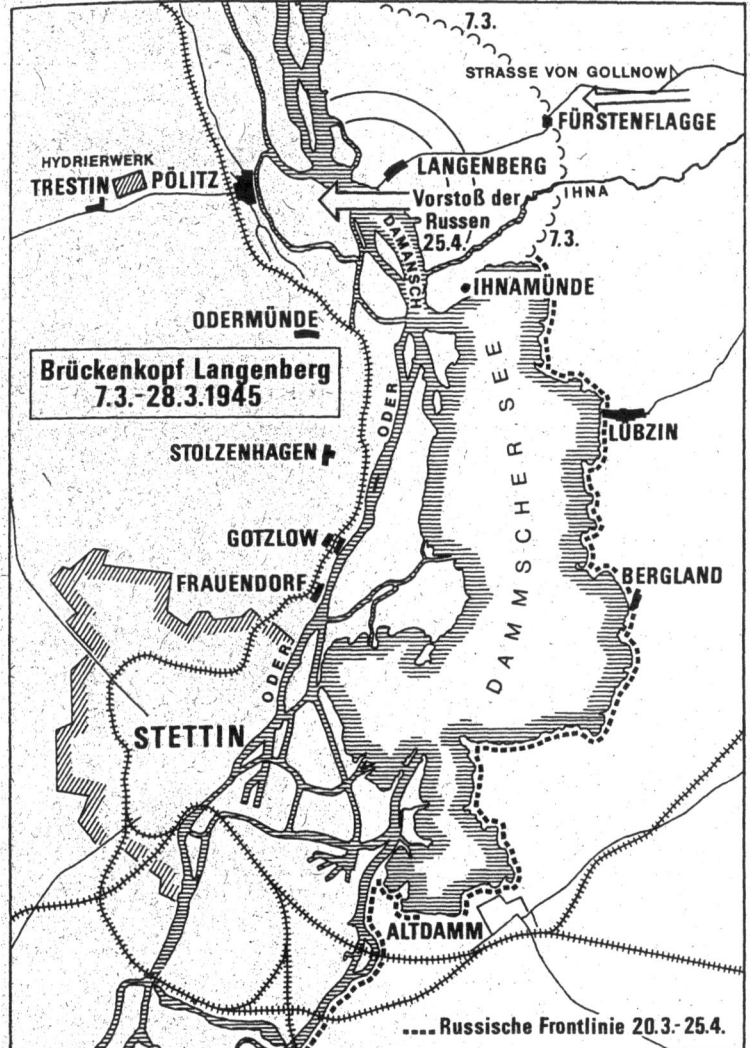

7.3.

STRASSE VON GOLLNOW

●FÜRSTENFLAGGE

HYDRIERWERK
TRESTIN PÖLITZ

LANGENBERG

Vorstoß der
Russen
25.4.

IHNA

7.3.

ODERMÜNDE

●IHNAMÜNDE

**Brückenkopf Langenberg
7.3.- 28.3.1945**

DAMMSCHER SEE

STOLZENHAGEN

●LÜBZIN

GOTZLOW

FRAUENDORF

BERGLAND

ODER

STETTIN

ALTDAMM

.... Russische Frontlinie 20.3.- 25.4.

insgesamt mehr Treibstoff produzierten, als von Industrie und Wehrmacht verbraucht wurde. Deshalb machten die Alliierten die Hydrierwerke 1944 zu einem bevorzugten Ziel ihrer Bomberflotten. Mit Erfolg! Immer wieder richteten sie große Zerstörungen an, immer wieder wurden die Schäden rasch beseitigt. Als Deutschland schon weitgehend besetzt war, befanden sich nur noch drei dieser Werke in unserer Hand, darunter das in Pölitz. Obwohl diese Anlagen in den letzten Kriegswochen auch von russischen Flugzeugen bombardiert und zuletzt sogar von der am Ostufer der Oder stehenden russischen Artillerie beschossen wurden, lief die Produktion dort weiter und versorgte die Heeresgruppe Weichsel bis Ende April 1945 mit Treibstoff, wenn auch nicht mehr ausreichend. Danach wurde das Werk sofort demontiert und in Sibirien wieder aufgebaut. Stettin-Pölitz war damals also ein strategisch wichtiger Ort[9].

*

Vorrang bei unserer Ausbildung hatte der Umgang mit der Panzerfaust. In Pölitz wollte man uns mit dieser gefährlichen Waffe sofort vertraut machen. Nach ausführlicher theoretischer Belehrung sollten Probeschüsse die notwendige Anschauung liefern. Zu meiner Freude wurde auch ich dafür in meinem Zug ausgewählt. Während die Kameraden in Deckung gingen, hockte ich mich in ein Schützenloch, legte das Rohr auf die rechte Schulter und visierte das Ziel – eine feststehende, große Metallplatte – an. Dreimal betätigte ich mit jeweils verstärktem Druck den Abzug, weil der Druckpunkt sich als stärker erwies als von mir erwartet. Dann krachte es. Ich spürte, wie der starke Feuerstrahl hinten aus dem Rohr entwich, und sah zugleich vorne das Geschoß fliegen. Leider nicht ins Ziel. Es fiel schon vorher zu Boden, sprang dann – wie ein flach auf das Wasser geworfener Stein – noch mehrfach in kürzer werdenden Abständen auf und blieb schließlich als Blindgänger liegen. Mit dem Karabiner 98k gaben wir einige Schüsse auf ihn ab. Die Treffer veränderten seine Lage, brachten ihn aber nicht zur Explosion.

Eindrucksvoll war diese Vorführung für uns alle trotzdem. Sie machte unmißverständlich klar, daß ein Panzerfaustschütze, der nicht trifft, nur in sehr seltenen Fällen lebend davonkommt; denn der Flammenstrahl verrät seinen Standort, und eine zweite Chance erhält er von dem stählernen Koloß in der Regel nicht. Gut für mich, daß dies kein Ernstfall war.

Übrigens blieb es nicht bei diesem mißglückten Probeschuß. Hans Hedemann traf das Ziel und andere Kameraden auch.

Lt. Rossdeutscher schreibt dazu: *Die Bewaffnung unserer Kompanien war* (zu diesem Zeitpunkt, der Verfasser) *mäßig und gerade noch zu Ausbildungszwecken geeignet: Einige Karabiner 98k, einige Maschinenpistolen und Panzerfäuste. Letztere als Verbrauchswaffen, mit denen wir auch heftig auf Stahl- und Betonplatten übten, was uns später gut zustatten kam.*

6

Als ich am 10. März 1945 die Feldpostkarte an meine Mutter schrieb, ging auch der letzte Zipfel von Hinterpommern verloren: das kleine Gebiet südlich des Zarnowitzer Sees zwischen den Dörfern Gnewin, Rieben und Kniewenbruch. Hier stießen die russischen Panzer weiter vor in Richtung Mechau, Putzig, Gotenhafen, Danzig. Mein Geburtsort Kolkau gehörte zum Kirchspiel Gnewin. Es war ein kleines Gutsdorf mit einer zweiklassigen Schule, in der mein Vater von 1928-1935 als „Erster Lehrer" amtierte. Damals hätte sich niemand vorstellen können, daß der deutsche und der sowjetrussische Generalstab am 10. März 1945 kurzfristig auf diese abgelegene Gegend fixiert sein würden und daß an diesem Tage außer der Festung Kolberg, die eine Woche später in der Nacht vom 17. zum 18. März aufgegeben wurde, an der Oderfront nur noch die Brückenköpfe Dievenow (mit der Insel Gristow), Langenhagen (gegenüber von Stettin-Pölitz) und Stettin (einschließlich Altdamm und Greifenhagen) Widerstand leisteten[10].

Wie war es zu dieser katastrophalen Situation gekommen?

In der einschlägigen Literatur fand ich Jahrzehnte später folgende Antwort:

Die Rote Armee war in ihrer Sommeroffensive durch Weißrußland, Ost- und Zentralpolen bis zur Weichsel vorgerückt und hatte am Westufer drei Brückenköpfe bilden können. Mitte Januar 1945 sollte der Vorstoß zur Oder beginnen, wie General Gehlen, Chef der Abteilung Fremde Heere Ost, herausgefunden hatte. Dafür war eine gewaltige Streitmacht zusammengezogen worden. Nach Gehlens Einschätzung betrug das russisch-deutsche Kräfteverhältnis im Bereich des Baranow-Brückenkopfes bei den Soldaten 11:1, bei den Panzern 7:1 und bei der Artillerie 20:1. Unter diesen Bedingungen hielt er eine erfolgreiche Verteidigung für unmöglich[11].

Generaloberst Guderian, seit Ende Juli 1944 Chef des Generalstabs des Heeres, schloß sich seiner Beurteilung an. Er versuchte Hitler von der Notwendigkeit zu überzeugen, die Front an der Weichsel mit Truppen aus dem Westen zu verstärken, die dort nach der mißglückten Ardennen-Offensive vom 16. Dezember 1944 frei geworden waren, und vor allem mit Truppen der kampferprobten Kurland-Armee. Vergebens.

Bezeichnend für das Wunschdenken Hitlers und seiner Paladine ist die von Heinrich Himmler überlieferte Aussage: „Glauben Sie wirklich, die Russen könnten angreifen? Das ist der größte Bluff seit Dschingis Khan."[12]

So kam, was vorhersehbar war:

Am 12. Januar 1945 begann Marschall Konjew seine Offensive mit der 1. Ukrainischen Front (dieser russische Begriff entspricht der deutschen Bezeichnung Heeresgruppe) aus dem Baranow-Brückenkopf heraus, am 13. Januar griff Marschall Rokossowski mit seiner 2. Weißrussischen Front an und am 14. Januar Marschall Schukow mit der 1. Weißrussischen. Überall zerriß der schwache deutsche Verteidigungsgürtel schnell. Danach konnten die russischen Panzerrudel im ungeschützten Hinterland ungebremst vorstoßen, gefolgt von zahlreichen Schützendivisionen, die plündernd, vergewaltigend, mordend und brennend über die bis dahin vom Krieg weitgehend verschonte ostdeutsche Bevölkerung herfielen.

Schukows Truppen waren besonders erfolgreich. Schon am 31. Januar erreichten sie zu ihrer eigenen Überraschung nördlich von Küstrin die Oder und bildeten bei dem Dorfe Kienitz einen kleinen Brückenkopf. Als einzige Augenzeugen haben der Bäcker von Kienitz und sein Gehilfe die Sowjetrussen morgens um 6.00 Uhr über die zugefrorene Oder kommen sehen, gefolgt von einigen Bauern, die nichtsahnend am Ostufer Holz gesammelt hatten. An der Bahnstation des Ortes nahmen die Russen 76 Reichsarbeitsdienst-Soldaten gefangen, von denen einige im Schlaf überrascht wurden. Außerdem befreiten sie 57 sowjetische Kriegsgefangene. Vergebens versuchten die Deutschen, diesen zunächst kleinen Brückenkopf wieder zu beseitigen. Sie konnten auch nicht verhindern, daß er ständig vergrößert und verstärkt wurde[13].

2 ½ Monate später, am 16. April 1945, stieß Schukow von hier über die Seelower Höhen auf Berlin vor.

Für die Vorbereitung auf diese Entscheidungsschlacht hatte sich Stalin also viel Zeit gelassen. Keinesfalls sollte sie beginnen, bevor die Gefahr beseitigt war, daß die Deutschen aus dem Brückenkopf Stettin-Altdamm heraus über Stargard nach Süden in das russische Aufmarschgebiet bei Küstrin und Frankfurt/Oder einbrachen.

Mit ihrer Operation „Sonnenwende" vom 15. – 22. Februar 1945, dem letzten großen Angriffsunternehmen auf deutschem Boden, hatten sie es ja schon einmal versucht. Hinter dem Flusse Ihna zwischen Stargard und Reetz hatten sie alle ihre noch verfügbaren Kräfte versammelt, waren bis in die von den Russen bereits eingeschlossene Festung Arnswalde hinein vorgestoßen und wollten ihren Vormarsch bis in das Hinterland von Küstrin fortsetzen. Aber die Kräfte reichten dafür nicht mehr aus. Der Angriff blieb schon bald stecken[14].

Weil Hitler sich weigerte, die gesamte Kurland-Armee zur Verteidigung der Heimat auf dem Seewege heimzuholen, mußten Stalin und Schukow eigentlich keinen gefährlichen Angriff der Deutschen mehr auf ihr Aufmarschgebiet zwischen Küstrin und Frankfurt/Oder befürchten. Dennoch sollte die Stadt Stettin, die am 22. März 1945 zur „Festung" erklärt wurde, noch vor Beginn der Entscheidungsschlacht um Berlin erobert werden. Daß es dann doch anders kam – die „Festung" Stettin wurde am 26. April kampflos geräumt, Schukows Angriff auf die Seelower Höhen im Vorfeld von Berlin aber begann schon zehn Tage vorher am 16. April -, hatte einen ganz anderen Grund: die Russen waren aufgeschreckt durch das schnelle Vordringen der Amerikaner und Engländer im Westen. Sie argwöhnten, daß die Deutschen dort keinen rechten Widerstand mehr leisteten, weil sie die Westalliierten lieber als Eroberer in der Reichshauptstadt sehen wollten als die Russen. Das sollte unter allen Umständen verhindert werden. Daher der von Stalin vorverlegte Angriffstermin[15].

Doch zurück zum Brückenkopf Stettin (einschließlich Altdamm und Greifenhagen).

Um ihn zu beseitigen, setzte Schukow drei Armeen ein: die 2. Garde-Panzerarmee und die 47. und 61. Armee; obendrein noch vier Artillerie-Durchbruchsdivisionen. Gegen diese gewaltige Streitmacht waren die ausgelaugten deutschen Verteidiger ohne Chance. General Hasso von Manteuffel, Träger des Ritterkreuzes mit Eichenlaub, Schwertern und Brillanten, seit dem 10. März 1945 als Oberbefehlshaber der 3. Panzerarmee verantwortlich für den nördlichen Oderabschnitt von der Ostsee bis in Höhe von Eberswalde, stellte Hitler deshalb am 19. März 1945 vor die Alternative, die letzten Verteidiger aus dem Brückenkopf Altdamm über die Reglitz- und Oderbrücken zurückzuholen oder aber am nächsten Tage auch sie zu verlieren. Widerwillig stimmte Hitler zu. Daraufhin wurde dieser Brückenkopf in der Nacht zum 20. März geräumt.

> „Bis zum 21. März waren auch die letzten Widerstandsnester in Altdamm beseitigt, und die Sowjets konnten für sich in Anspruch nehmen, im Bereich des Brückenkopfes 40.000 Mann getötet, 12.000 weitere gefangengenommen sowie 126 Panzer und Selbstfahrlafetten, über 200 Geschütze und 154 Granatwerfer erbeutet zu haben."[16]

Es muß Bestrebungen gegeben haben, unsere Kompanie, deren Zusammenstellung Leutnant Rossdeutscher im Februar 1945 in Pasewalk begann und Anfang März in Stettin abschloß, im Brückenkopf Altdamm sofort einzusetzen. Warum wohl sonst wurde sie dorthin verlegt? Vielleicht ging die Initiative dazu von dem Gauleiter-Stellvertreter Simon aus, der in der Literatur mehrfach als der eigentliche „Scharfmacher" in Pommern bezeichnet wird.

Zum Glück konnten sich aber wohl doch besonnene Männer wie unser Bataillonskommandeur Murswiek und unser Kompanieführer Rossdeutscher durchsetzen. Darum wurden wir in der Nacht vom 6. zum 7. März 1945 über die Reglitz- und Oderbrücken zurückgeführt und nicht unvermittelt in den Infanteriekampf geworfen wie die 48 Hitlerjungen des Jahrgangs 1928 aus Stettin und Stralsund und 40 Adolf-Hitler-Schüler aus Tilsit vom 31. Januar bis 9. Februar als Freiwillige bei Pyritz. Zusammen mit anderen kleinen Alarmeinheiten, z.B. mit einer kompletten U-Boot-Besatzung, hatten sie hier den russischen Vorstoß vorerst stoppen können.

Hitlers letzter Reichsjugendführer schreibt darüber, gestützt auf den Bericht des Kommandoführers Rudolf Krause:

> „<Bei Altdamm begegnen uns Kolonnen von Adolf-Hitler-Schülern, die diszipliniert in Richtung Stettin marschieren. Wir begrüßen uns kameradschaftlich. Als die Jungen von unserem Auftrag hören, schließen sich etwa vierzig ältere Schüler spontan dem Jagdkommando an. Diese Freiwilligen kamen überwiegend von der Adolf-Hitler-Schule Tilsit, an der Grenze zum Memelland .< Tatsächlich war es dem Jagdkommando gelungen, die vordringenden Russen zu stoppen. Dabei fielen 16 Hitlerjungen. Der Kommandeur der Heereseinheit, Oberst Weiß, in dessen Verband das Dritte Aufgebot eingesetzt war, verabschiedete diese jungen Soldaten mit folgenden Worten: >Ihr, meine jungen Kameraden, habt in Pyritz auch das nur 40 Kilometer entfernte Stettin verteidigt. Dank Eures tapferen Einsatzes konnten in den letzten Tagen viele Flüchtlings- und Verwundetentransporte ungefährdet über die Oderbrücken das rettende Westufer erreichen.< Es war nicht umsonst und sinnlos gewesen, wie man so oft den Kampf der jungen Volkssturmsoldaten beurteilen hört."[17]

Damals beneidete ich diese HJ-Kameraden um ihren Einsatz bei Pyritz. Auch sie waren meine Vorbilder, als ich mich am 6. März 1945 in die HJ-Kompanie Rossdeutscher mogelte.

7

Am 16. März 1945 wurden wir von Stettin-Pölitz nach Stettin-Odermünde gegenüber von Ihnamünde verlegt. Von hier schrieb ich meiner Mutter den ersten der drei Feldpostbriefe.

Absender: Kriegsfreiwilliger W. Nemitz, HJ-Feldpostnummer 27196.

Odermünde, d.18.3.45

Liebe Mama und Manfried!

Seit 2 Tagen liege ich mit meinem Zugführer und einem Kameraden als Melder im Privatquartier. Wir leben ganz prima. Kochen uns alles selber. Eben habe ich Kartoffeln geschält und aufgesetzt. Gestern hatten wir grüne Bohnen und als Nachtisch eingeweckte Birnen. Klaus liegt als Gruppenführer in einem anderen Haus. Ich wollte in Urlaub kommen. Da kam wegen dieser Sache Urlaubssperre. Leider bleiben wir nicht mehr lange hier. Wir kommen wieder nach Pölitz. Dann beantrage ich wieder Urlaub. Vielleicht wird er dann genehmigt. Dann komme ich nach Penkun. Hoffentlich bist Du dann noch dort. Einen Eimer Milch habe ich auch geholt. Sonst nichts Neues. Von Lothar habe ich auch keine Post bekommen. Nun seid recht herzlich gegrüßt von Eurem Werner.

Viele Grüße sendet Klaus.

Zwei weitere kindlich-naive Feldpostbriefe, die beiden letzten, schrieb ich von hier am 20. und 24. März. Wir lagen also mehrere Tage in unserem komfortablen Privatquartier, einem kleinen Häuschen in einem Neubauviertel. Seine Besitzer waren vermutlich längst auf der Flucht. Einige Zivilisten harrten allerdings noch aus, z.B. ein Taubenzüchter in der Nachbarschaft.

Eines Tages ritt mich der Teufel, als ein kleiner Taubenschwarm friedlich auf dem Dachfirst saß. Ich nahm meinen Karabiner 98k, öffnete ein Fenster, zielte und schoß. Im nächsten Moment sah ich nur noch ein Federknäuel. Die übrigen Tauben flogen auf, und der kleine, tote Körper rollte auf der gegenüberliegenden Dachseite nach unten. Ich bereute meine Tat sofort, schämte mich und hätte sie am liebsten gleich wieder verdrängt und vergessen. Vergebens; denn kurz danach klingelte der mit Recht aufgebrachte Taubenzüchter an unserer Tür. Er sprach von kriegswichtigen Brieftauben, verlangte Aufklärung dieses schlimmen Vorfalles und die Bestrafung des Schützen. Sogar vom Kriegsgericht war die Rede. Meinem Zugführer gelang es aber, ihn allmählich zu beruhigen. Vielleicht hat er ihn daran erinnert, daß auf der anderen Seite der Oder von der Soldateska des Marschalls Rokossowski weitaus schlimmere Untaten verübt wurden. Bestraft wurde ich jedenfalls nicht. Trotzdem bleibt mir dieser törichte Vorfall unvergeßlich.

Freude löste bei uns die erste Marketenderware für 5.-- RM pro Mann aus, wie ich meiner Mutter am 24. März schrieb: Eine Schachtel Zigaretten, zwei Zigarren, ¼ Päckchen Tabak, sechs eingeschweißte, klebrige, saure Bonbons. Ich war zwar Nichtraucher, probierte aber dennoch eine Zigarre aus, woraufhin mir speiübel wurde. Den zweiten Versuch unterließ ich. Statt dessen verschenkte ich meine Tabakzuteilung oder tauschte sie gegen Bonbons ein.

Von schweren Kampfhandlungen auf der gegenüberliegenden Oderseite, dem deutschen Brückenkopf Langenhagen, der in diesen Tagen im Süden bis Ihnamünde reichte, hörte ich nichts. Ich kann mich nur an vereinzeltes Gewehrfeuer erinnern, vorwiegend bei Dunkelheit. Dann hieß es bei uns: „Jetzt gehen die Russen drüben auf Jagd und schießen unser Wild ab". Vermutlich galten diese Schüsse jedoch versprengten deutschen Soldaten, die sich aus Hinterpommern durchgeschlagen hatten und den Versuch machten, irgendwo in den Brückenkopf Langenberg einzusickern, was nicht allen gelang.

Gebildet hatte er sich seit dem 8. März 1945, nachdem die Russen am 7. März nach dreitägigen schweren Kämpfen die kleine Stadt Gollnow erobert hatten, die östlich der Oder etwa auf der Höhe von Stettin-Pölitz liegt. Von dort kämpften sie sich weiter nach Süden auf Stettin-Altdamm vor. Von Osten, von Stargard her, an der Nordspitze des Madüsees vorbei hatten starke russische Streitkräfte dasselbe Ziel. Am 8. März waren sie bereits bis auf neun km an Altdamm herangekommen. Der dritte russische Angriffskeil wurde aus dem Raum Pyritz nach Nordwesten durch die Buchheide auf Sydowsaue und Podejuch ausgerichtet. Diese Konzentration auf den Brückenkopf Stettin-Altdamm entlastete natürlich den Brückenkopf Langenberg.

> „Er wurde verteidigt von Teilen der 402. Inf.Division, die sich aus dem Zusammenbruch in Ostpommern retten konnte, von dem HJ-Bataillon Murswiek, einem Volkssturm-Bataillon und einem Marine-Bataillon. In diesen Brückenkopf konnten sich 3 Wochen lang versprengte deutsche Soldaten retten. ... (Er) hat drei Wochen lang wichtige Aufgaben erfüllt:
> - Schutz der auf das Westufer der Oder übersetzenden Flüchtlinge,
> - Sicherung eines eingeschränkten deutschen Schiffsverkehrs auf der unteren Oder,
> - Sicherung der weiteren Produktion im Hydrierwerk Pölitz,
> - Verhinderung russischer Übersetzversuche über die untere Oder. Erst nach Aufgabe Stettins haben russische Truppen auch bei Pölitz das Westufer der Oder nehmen können."[18]

Nach dem 10. März begannen die Russen allerdings auch hier mit verstärkten Angriffsvorbereitungen. Deshalb beantragte General von Manteuffel am 26. März die Aufgabe auch dieses Brückenkopfes. Hitler lehnte das zunächst wieder ab. Als jedoch nach starker Artillerievorbereitung die Russen am 28. März von Norden her aus der Richtung des Gutes Schwabach angriffen, war auch dieser Brückenkopf nicht länger zu halten. Immerhin gelang es, die „Restbesatzung des kleinen Brückenkopfes Langenberg in der ... Nacht (zum 29. März) planmäßig auf das Westufer" zurückzuführen.[19]

In Stettin-Pölitz und anschließend in Stettin-Odermünde waren wir wahrscheinlich die Reservekompanie des oben aufgeführten HJ-Bataillons Murswiek.

In diesem Zusammenhang ist noch nachzutragen, daß

> „Anfang April ein russischer Plan bestand, sich mit Übersetzmitteln, Pionierfähren und Motorbooten, von Ihnamünde und Lübzin aus bei der Ortschaft Odermünde einen Brückenkopf zu erkämpfen. Die Vorbereitungen waren unzureichend und die Durchführung halbherzig, so daß dieser Versuch von den Kampfschiffen der Marine (Artillerieträger und Marinefährprähme) abgewehrt werden konnte."[20]

8

In meinem letzten Feldpostbrief vom 24. März 1945 teilte ich meiner Mutter mit, daß wir von Stettin-Odermünde am 26. März nach Ziegenort verlegt werden sollten, was auch tatsächlich geschah. Hier setzten wir auf der Westseite der Oder, die dort zu dieser Zeit HKL (Hauptkampflinie) war, unsere *wirklichkeitsnahe Ausbildung (Verteidigung und hinhaltender Widerstand)* (Lt. Rossdeutscher) fort.

Eines Tages bekam unsere Kompanie „hohen Besuch". Schwede-Coburg, Gauleiter und Reichsverteidigungskommissar von Pommern, erschien mit braunem Gefolge, um unseren Ausbildungsstand zu beurteilen.

Aufgabe der ungewöhnlichen Manöverübung: Überfall auf eine Nachschubkolonne hinter den feindlichen Linien.

Ein Teil der Kompanie übernahm die Rolle des Feindes. In einer bebuschten Senke zog er große Zweige hinter sich her. Ich gehörte zu den „Angreifern", die aus gut getarnten Verstecken heraus plötzlich lautlos über die Kolonne herfielen.

Anschließend Manöverkritik:
Schwede-Coburg hatte bei uns das lautstarke, Furcht und Schrecken verbreitende Hurra-Geschrei vermißt. Er mußte sich sagen lassen, daß Überfälle dieser Art hinter den feindlichen Linien immer lautlos durchgeführt werden. Nach dieser verfehlten kritischen Anmerkung war er allerdings des Lobes voll.

„Das habt Ihr sehr gut gemacht", sagte er. „Euch traue ich zu, einen russischen General im Hinterland des Feindes in seinem Befehlsstand auszuschalten."

So sprach der Mann, der einem Großteil der pommerschen Bevölkerung die Flucht verboten hatte, als dazu noch Zeit gewesen wäre, und der sich mit seinem braunen

Gefolge bald danach per Schiff über Saßnitz und Kopenhagen rechtzeitig in Sicherheit brachte.

Mich beeindruckte sein Gerede schon damals nicht, weil dieses Lob aus unberufenem Munde kam. Schwede-Coburg war kein Soldat, sondern Parteifunktionär. Mit denen wollten wir eigentlich nichts zu tun haben.

Ende August 1998 erfuhr ich auf einer Hobby-Historikertagung in Stettin/Szczecin zufällig, daß der ehemalige HJ-Gebietsführer von Pommern noch lebt. Mit ihm führte ich am 26. September 1998 ein aufschlußreiches Gespräch.

Meine gezielte Frage, ob er bei unserem Werwolf-Manöver wohl zu dem Gefolge von Schwede-Coburg gehört habe, bejahte er zu meiner Freude sofort mit den Worten: „Ja, an dieses Ereignis kann ich mich noch ganz genau erinnern, auch an den Unsinn, der Euch dort vorgetragen wurde."

Ich hakte sofort nach, fragte nach dem Sinn dieses Manövers und erfuhr, daß es die Idee des Reichsleiters Bormann war, in Pommern am eifrigsten verfochten von Gauleiter-Stellvertreter Simon, uns HJ-Volkssturmsoldaten hinter den feindlichen Linien als Werwölfe wirken zu lassen.

Das bestätigte auch der ehemalige Reichsjugendführer Artur Axmann in einem Interview: „Hitlerjungen und Mädels wies er (Bormann) an, sich vom Feind überrollen zu lassen und als Werwölfe Sabotageakte zu verüben."[21]

Zum Glück hatten Bormann und Simon aber eine starke Opposition, zu der nach seiner eigenen Aussage auch er, der Gebietsführer Gerd Wegner, gehörte. Sie wollten aus uns Panzerfaustschützen machen und uns gegen durchgebrochene russische Panzer einsetzen.

So dachte auch der Gauleiter und Reichsverteidigungskommissar von Mecklenburg, der noch am 22. April 1945 190 Panzervernichtungstrupps der HJ (je 1 Führer und 5 Mann) aufbot, als sich mit dem Auftauchen russischer Aufklärungskräfte im Raum Oranienburg die nördliche Umfassung von Berlin abzeichnete, als am folgenden Tage die Russen von Norden und Osten bereits in Berlin eindrangen und als die Armeegruppe Steiner an der Autobahn Berlin-Stettin bereits über den Finow-Kanal nach Norden zurückgedrängt wurde.[22]

9

Der Besuch des Gauleiters und unser Manöver werfen die Frage auf, wohin wir gehörten und von wem unser Kompanieführer seine Befehle erhielt. Antwort geben die nachfolgenden Zitate:

Erlaß des Führers über die Bildung des Deutschen Volkssturms [23]

> „Zur Verstärkung der aktiven Kräfte unserer Wehrmacht und insbesondere zur Führung eines unerbittlichen Kampfes überall dort, wo der Feind den deutschen Boden betreten will, rufe ich daher alle waffenfähigen Männer zum Kampfeinsatz auf.
>
> Ich befehle:
> 1. Es ist in den Gauen des Großdeutschen Reiches aus allen waffenfähigen Männern im Alter von 16 bis 60 Jahren der Deutsche Volkssturm zu bilden. Er wird den Heimatboden mit allen Waffen und Mitteln verteidigen, soweit sie dafür geeignet erscheinen.
>
> 2. Die Aufstellung und Führung des Deutschen Volkssturms übernehmen in ihren Gauen die Gauleiter. Sie bedienen sich dabei vor allem der fähigsten Organisatoren und Führer der bewährten Einrichtungen der Partei, SA., SS, NSKK. und HJ.
>
> 4. Die Angehörigen des Deutschen Volkssturmes sind während ihres Einsatzes Soldaten im Sinne des Wehrgesetzes.
>
> 6. Der Reichsführer SS ist als Befehlshaber des Ersatzheeres verantwortlich für die militärische Organisation, die Ausbilder, Bewaffnung und Ausrüstung des Deutschen Volkssturmes.
>
> 7. Der Kampfeinsatz des Deutschen Volkssturmes erfolgt nach meinen Weisungen durch den Reichsführer SS als BdE.
>
> 8. Die militärischen Ausführungsbestimmungen erläßt als BdE. Reichsführer SS H i m m l e r , die politischen und organisatorischen in meinem Auftrage Reichsleiter B o r m a n n .

9. Die Nationalsozialistische Partei erfüllt vor dem deutschen Volk ihre höchste Ehrenpflicht, indem sie in erster Linie ihre Organisationen als Hauptträger dieses Kampfes einsetzt.

Führer-Hauptquartier, den 25. September 1944.
Der Führer
gez. Adolf Hitler
Der Leiter der Parteikanzlei
gez. Bormann
Der Chef des Oberkommandos der Wehrmacht
gez. Keitel
Der Reichsminister und Chef der Reichskanzlei
gez. Dr. Lammers"

In der zweiten Ausführungsbestimmung zu diesem Führererlaß, am 12. Oktober 1944 herausgegeben vom Leiter der Parteikanzlei Martin Bormann, heißt es:

„Die Gauleiter und Kreisleiter sind für die Führung, die Erfassung, den Aufbau und die Gliederung des Deutschen Volkssturmes verantwortlich.

I. Führung

2) Die Gauleiter und Kreisleiter sind für die richtige Auswahl geeigneter Bataillons-, Kompanie-, Zug- und Gruppenführer verantwortlich.

3) Als Führer im Deutschen Volkssturm sind zuverlässige und standhafte Nationalsozialisten auszuwählen, die sich möglichst in diesem Kriege an der Front Erfahrungen in infanteristischen Einsatz erworben haben. Sie müssen sich in einer Führerstellung so bewährt haben, daß eine restlose Erfüllung ihrer Führungsaufgabe im Deutschen Volkssturm erwartet werden kann.

IV. Gliederung

1) Der Deutsche Volkssturm gliedert sich in folgende Einheiten:
a) Gruppe (Durchschnittsstärke 1/9)
b) Zug (3 bis 4 Gruppen)
c) Kompanie (3 bis 4 Züge)
d) Bataillon (4 Kompanien)
Im Volkssturm gibt es weder große Stäbe noch eine Etappe.

2) Den Einheiten des Deutschen Volkssturms entsprechend werden folgende Dienstgrade eingeführt:
a) Volkssturmmann
b) Gruppenführer
c) Zugführer
d) Kompanieführer
e) Bataillonsführer.
Alle Angehörigen des Deutschen Volkssturms sind Volkssturmsoldaten.

3) Die Gruppenführer werden vom Kompanieführer, die Zugführer vom Bataillonsführer, die Kompanieführer vom Kreisleiter und die Bataillonsführer vom Gauleiter ernannt. Ihre Ernennung ist eine vorläufige, die Bestätigung erfolgt nach Bewährung."[24]

Auf den Schulterklappen trugen wir unsere Dienstrangabzeichen von der HJ. Ich war als Rottenführer in die Kompanie eingetreten. Leutnant Rossdeutscher beförderte mich zum Oberrottenführer. Das änderte zwar nichts an meiner Dienststellung Volkssturmmann, freute mich aber trotzdem; denn ich sah darin einen Beweis dafür, daß er mit mir zufrieden war.

Was unsere Ausbildung betraf, so wurden die Richtlinien dafür am 16. Oktober 1944 von H. Himmler, dem Befehlshaber des Ersatzheeres, und von dessen Stabsführer G. Berger festgeschrieben in einem „Ausbildungsbefehl für den Deutschen Volkssturm". Bemerkenswert sind darin folgende Abschnitte:

B Waffenausbildung
2. *Grundsätzlich scheidet jeder Exerzierdienst aus.* Die für diesen Zweck notwendige Ausbildung im Antreten und Ordnungsdienst bringt der Volkssturm-Mann im allgemeinen schon mit. Im übrigen wird dieser Ausbildungszweig beim üblichen Dienst durch diesen selbst vertreten.

3. *Drill* darf nur dort Platz greifen, wo die Waffenausbildung ihn erfordert (z.B. beim Laden und Sichern des Gewehres). Sonst schädigt er die innere Bereitschaft.

4. *Grundsatz der Ausbildung ist:*
Aus der Praxis für die Praxis!
Keine langen Erläuterungen, sondern heran an das Ausbildungsgerät! Keine weitschweifigen Erklärungen, sondern waffenmäßige Übungen! Keine Langeweile, sondern Schulung von Geist und Körper. Es findet nur Einzelausbildung statt und keine Verbandsausbildung. Nur in der Geländeausbildung ist Schulung im Spähdienst bis zum Spähtrupp vorgesehen.

5. Die *Ausbildung am Gewehr* soll die völlige Beherrschung der Waffe erreichen und die sichere Schußabgabe bis auf 150 m.

8. *Ausbildung mit Handgranaten*
Sie soll den Volkssturm-Mann im Hoch-, Weit- und Zielwurf und im Nahkampf schulen.

9. Die *Ausbildung in der Panzernahbekämpfung* umfaßt sowohl die völlige Beherrschung der Panzerfaust als auch die Ausbildung in den sonstigen Panzernahbekämpfungsmitteln.

10. Im *Geländedienst* soll der Volkssturm-Mann lernen, das Gelände für sich und die Erfüllung der ihm gestellten Aufgaben voll auszunutzen, behelfsmäßige Sperren anzulegen und sich und seine Waffe schnell einzugraben. Weiter wird er im Schanzen, Tarnen und in der Lösung kleiner Spähtruppaufgaben ausgebildet. Im Zusammenhang mit letzterem steht die

Erlernung eines einfachen Meldedienstes. Bei jedem Dienst im Gelände, also z.B. beim Schießen, ist auf Spatengebrauch, Tarnung und Geländeausnutzung großer Wert zu legen."[25]

Schwede-Coburg war also in seiner Rolle als Reichsverteidigungskommissar tatsächlich unser „Kommandierender Chef", ob uns das paßte oder nicht.

10

Eines Tages wurde unsere Kompanie zu einer SS-Musterungskommission befohlen. Lt. Rossdeutscher schickte mich, den Melder des 3. Zuges, voraus mit der genauen Uhrzeit für unsere Ankunft. In strammer Marschordnung und mit lautem Gesang erschien unsere kleine Einheit vor Ort. Vom Jungvolk und von der HJ kannten wir Soldatenlieder in großer Zahl. Beim Volkssturm lernten wir eigentlich nur noch ein Marschlied hinzu, das wir in unserer Naivität gerne und lautstark sangen, weil es eine mitreißende Melodie hatte. Die erste Strophe lautete:

> Rot ist die Klinge
> vom Bolschewikenblut,
> hell unser Lachen
> und froh unser Mut.
> Wenn wir marschieren,
> erzittert die Welt;
> und wir marschieren,
> wohin's uns gefällt.
> Kameraden, an die Gewehre!
> Wohin wir auch kommen,
> erkennt man uns schon,
> //: uns Panzergrenadiere
> der HJ-Division://

Mit diesem Lied identifizierten wir uns.[26] Mit ihm machten wir auf uns aufmerksam. Inwieweit der Russe uns ernst nahm, weiß ich nicht. Daß er unsere kleine Einheit kannte, ist sicher; denn:

„Seit Anfang April waren in den Trümmern der Stadt Stettin aus der Luft abgesetzte Stör- und Funktrupps der Sowjets versteckt tätig. Sabotageakte waren in dem allgemeinen Durcheinander der großen Stadt und den nächtlichen Bombenangriffen kaum zur Wirkung gekommen. Wohl aber war die russische Führung durch ihren Agentenfunk über Truppenstärken und sonstige Vorgänge in der Festung genau orientiert. Zum Teil gehörten die abgesetzten Agenten zu einer Gruppe deutscher Überläufer aus dem „Nationalkomitee Freies Deutschland", die sich bereit erklärt hatte, aktiv an der Seite der Sowjets gegen Deutschland zu kämpfen. Sie traten in deutschen Uniformen und mit deutschen Waffen auf und nahmen auch deutsche Gefangene, von denen sie genaue Auskünfte erhalten konnten."[27]

Das Kriegstagebuch unserer jetzt an der Westseite der Oder stehenden Heeresgruppe Weichsel vermerkte dazu am 8. April 1945:

> „ - Feind vor Heeresgruppe Weichsel mit Kräften aus dem Ostpreußischen Raum in vollem Aufmarsch. Voraussichtlicher Beginn des Großangriffes über die Oder: 15.4.1945. - Vermehrtes Auftreten sog. ‚Seydlitz-Soldaten' in deutschen Uniformen bei Stettin und auf der Insel Wollin."[28]

General Krebs, seit dem 28. März 1945 als Nachfolger Guderians Generalstabschef des Heeres, reagierte darauf mit dem Befehl, „Seydlitz-Verräter" sofort „niederzumachen, die Offiziere (unter ihnen vorher jedoch) sofort zum Verhör zur Heeresgruppe zu leiten."[29]

Eigentlich ließ damals alles, aber auch wirklich alles die Situation an den deutschen Verteidigungsfronten hoffnungslos erscheinen. Dennoch gab General Krebs in einem Ferngespräch vom 12. April 1945 mit Oberst Eismann noch bedenkenlos Hitlers wirklich vorhandene oder nur zur Schau getragene Siegeszuversicht an alle Soldaten weiter mit den Worten:

> „Der Führer ... ist fest davon überzeugt, daß die Heeresgruppe einen ungeheueren Abwehrerfolg über den angreifenden Russen erringen wird. Dieses ist jedem Soldaten einzuhämmern."[29]

Bei erfahrenen Frontsoldaten gelang das längst nicht mehr, bei uns Kinder-Soldaten aber war das immer noch möglich.

Zurück zur Musterung:

In einer Turnhalle legten wir „in Linie zu 3 Gliedern" die Kleidung ab und warteten auf unseren Aufruf. Zeit genug, sich unter uns Nackedeis umzuschauen. Dabei entdeckte ich - oh Schreck! -, daß ich, wie mir schien, der einzige war, der seine Haare nur auf dem Kopf trug. Sollte mir wirklich doch noch mehr zum Soldatenhandwerk fehlen als nur die ausreichende Größe und das ausreichende Gewicht? Auf eine neue Art verunsichert, trat ich vor die Kommission. Auch sie mußte konstatieren, was sogar Nicht-Mediziner leicht hätten feststellen können: daß ich ein Spätentwickler war, der seine Pubertät damals noch nicht einmal ahnte. Die Kommission betrachtete mich lange und, wie mir schien, nachdenklich. Dann sagte einer:

„Bist Du nicht der kleine Soldat, der die Kompanie vorhin so zackig angemeldet hat?"

„Jawoll!"

„Das hast Du gut gemacht."

Im Hinblick auf meine biologische Entwicklung war ich damals wirklich noch ein Kind, in anderer Beziehung jedoch schon erstaunlich selbständig, verantwortungs-bewußt, „erwachsen". Alle meine Sinne waren hellwach, und mit feinem Gespür registrierte ich so manches, was ich erst später begriff.

Z.B. bemerkte ich, als ich mich wieder anzog, daß in einer Ecke der Turnhalle ein Kamerad eindringlich gefragt wurde, warum er partout nicht zur Waffen-SS wollte. Seine wiederholte Antwort: „Das darf/möchte ich nicht sagen."

Ich spürte, daß er ein Geheimnis wahrte, das um Himmels willen nicht verraten werden durfte, und daß man nicht neugierig an diese Gruppe herantreten durfte, sondern sich besser/lieber entfernte.

Aber daß diese kleine Szene mir unvergeßlich blieb, zeigt, wie sehr sie mich beeindruckt hat. Schon damals machte ich mir dazu meine Gedanken. Ich verstand nicht, warum mein Kamerad sich gegen die Aufnahme in die Waffen-SS wehrte. Nach meinem damaligen Wissensstand handelte es sich doch ausschließlich um eine Eliteeinheit. Ihr anzugehören konnte also keine Schande sein. Daß deren oberster Chef, der Reichsführer SS Heinrich Himmler, Teile der SS für Verbrechen an der Menschlichkeit mißbrauchte und damit die ganze Waffengattung in Verruf brachte, erfuhr ich erst später.

Unser Kamerad muß dieses gut gehütete Geheimnis schon gekannt haben. Vielleicht hatte einer seiner Verwandten oder Vertrauten das seltene Glück gehabt, wieder aus dem KZ entlassen zu werden, wie z.B. der ostpreußische Schriftsteller Ernst Wiechert (1887-1950), der 1938 zwei Monate in Buchenwald einsaß. Dieser Personenkreis durfte niemandem etwas über seine Haft erzählen. Andernfalls holte man ihn zum zweiten Male, und zwar auf Nimmerwiedersehen. Diese Drohung trug dazu bei, daß große Teile der deutschen Bevölkerung nichts oder nur wenig über die Konzentrationslager erfuhren.

Der damalige HJ-Gebietsführer Wegner erinnerte sich in unserem Gespräch vom 26. September 1998 auch an diese Musterungsaktion der SS noch ganz genau. Wie er sagte, hatte es auch hier eine Opposition gegeben, die sich allerdings nicht durchsetzen konnte. Von meinem Kameraden Hedemann (* 25.8.1930) weiß ich, daß er damals ein Papier in die Hand gedrückt bekam, das ihm die Eignung für die SS bescheinigte und ihn für diese Waffengattung reklamierte. Ich bekam dieses Papier vielleicht deshalb nicht, weil ich mich bereits ein Jahr zuvor als Freiwilliger für die Kriegsmarine hatte vormerken lassen oder weil ich auf Grund meiner zarten körperlichen Konstitution nicht in das Bild der Waffen-SS paßte. Wer weiß?

Tatsächlich hatte diese Musterung für uns keinerlei Auswirkungen mehr, weil der Krieg sich von den damaligen Machthabern nur noch um etwa sechs Wochen verlängern ließ.

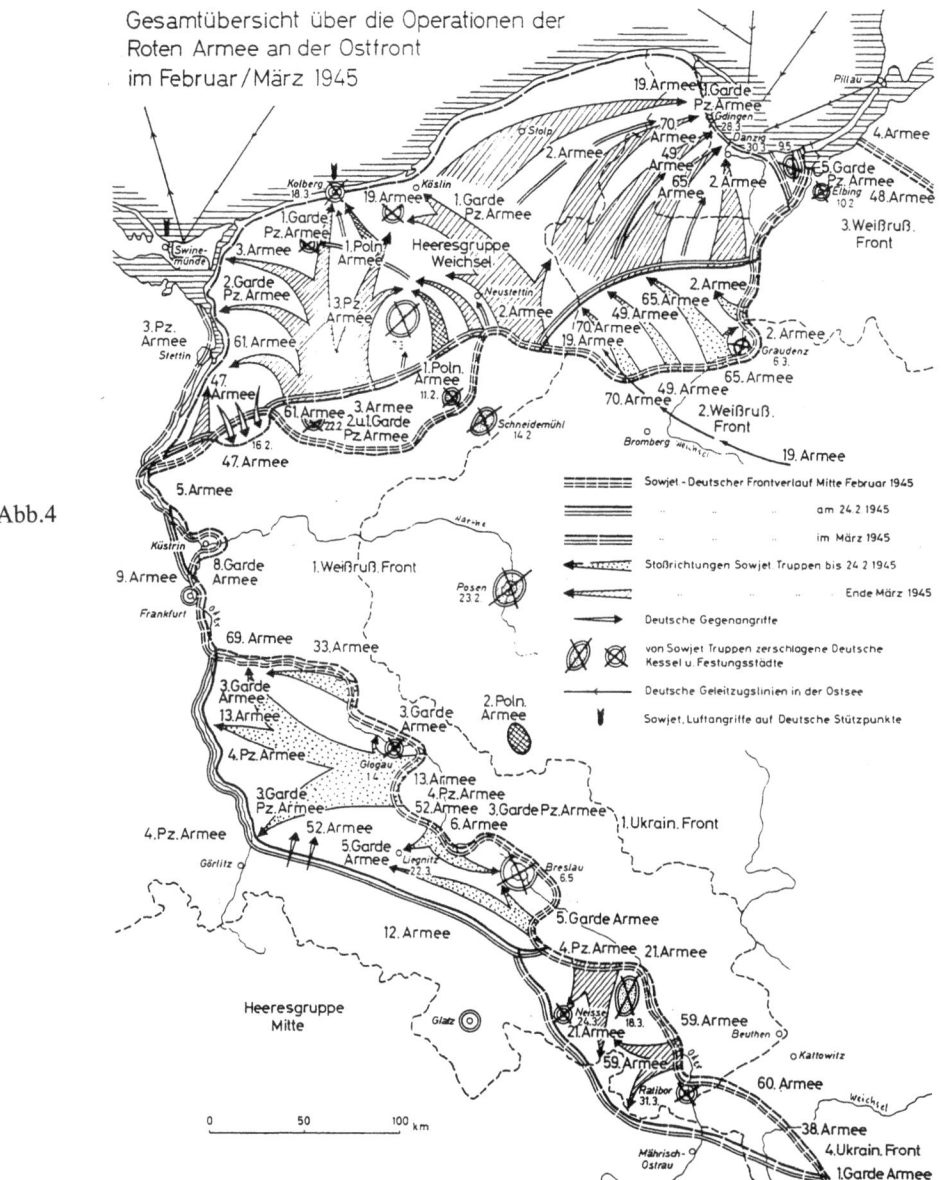

Gesamtübersicht über die Operationen der
Roten Armee an der Ostfront
im Februar / März 1945

Abb.4

Legende:

- Sowjet.-Deutscher Frontverlauf Mitte Februar 1945
- ″   ″   ″   am 24.2.1945
- ″   ″   ″   im März 1945
- Stoßrichtungen Sowjet. Truppen bis 24.2.1945
- ″   ″   ″   Ende März 1945
- Deutsche Gegenangriffe
- von Sowjet. Truppen zerschlagene Deutsche Kessel u. Festungsstädte
- Deutsche Geleitzugslinien in der Ostsee
- Sowjet. Luftangriffe auf Deutsche Stützpunkte

51

11

In den letzten Kriegsmonaten versagte Hitler als „Größter Feldherr aller Zeiten" (Gröfaz) total, als er Mitte Dezember 1944 die mißglückte Ardennenoffensive startete und die kampferprobte Kurlandarmee auf ihrem verlorenen Posten beließ, statt mit ihr die deutsche Verteidigungsfront an der Weichsel zu verstärken.

Nach deren Zusammenbruch innerhalb von drei Tagen beschuldigte er wie gewohnt die für die einzelnen Frontabschnitte verantwortlichen Generäle, kreierte eine neue Heeresgruppe, die „HG Weichsel" und machte Heinrich Himmler am 23. Januar 1945 zu deren Oberbefehlshaber (OB). Ein weiterer schwerer Fehler; denn Himmler war kein Truppenführer, sondern ein reiner Bürokrat, dessen strategische und taktische Anweisungen sein Stabschef Lammerding dem Generalstabschef des Heeres Guderian gegenüber als „konfus" bezeichnete.[30] Auf diese Weise erleichterte er den Sowjetrussen die rasche Eroberung Ostpommerns sehr.

Mitte März 1945 ließ Himmler seine Heeresgruppe Weichsel sogar im Stich, als er sich mit einer Grippe in das Sanatorium eines mit ihm befreundeten Arztes in Hohenlychen begab. Das führte zu seiner Ablösung. Neuer OB der HG Weichsel wurde am 20. März 1945 Generaloberst Heinrici, „ein Spezialist in allen Fragen der Verteidigung und als solcher in den Jahren im Kriege gegen die UdSSR vielfach bewährt."[31]

Wie die Hinterlassenschaft Himmlers an der nördlichen Oderfront im März/April 1945 aussah, wissen wir von den beiden dort verantwortlichen Generälen.

Hasso von Manteuffel:

> „Anfang März 1945 wurde mir der Oberbefehl über die 3. Panzer-Armee übertragen. Diese Armee gehörte zur Heeresgruppe Weichsel. Sie stand unter dem Oberbefehl des Reichsführers SS, Heinrich Himmler, der jedoch bald durch Generaloberst Heinrici ersetzt wurde. ...
>
> Er hatte kurz nach meinem Eintreffen an der Ostfront den Oberbefehl dort übernommen. Was mir besonders an ihm gefiel, das war seine Energie und Zähigkeit, auch dies, daß er sich über militärische Fragen niemals etwas vormachte, sondern sich immer an die gegebenen Tatsachen hielt.

Daß er damit im Führerhauptquartier anecken mußte, schien klar. Dennoch ließ sich Heinrici nicht von seinem Wege abbringen.

Dieser Wesenszug rettete Tausenden Soldaten seiner Heeresgruppe, die aus der 3. Panzer-Armee und der 9. Armee bestand, das Leben.

Seit dem Zusammenbruch in Pommern stand die Heeresgruppe Mitte dicht an die Oder angelehnt zwischen Frankfurt/Oder und der Ostsee und verteidigte auch die beiden Inseln Usedom und Wollin.

Bei Übernahme des Oberbefehls über die 3. Panzer-Armee stand diese nach hartnäckigen, verlustreichen Kämpfen im pommerschen Raum, nunmehr an der Oder, und zwar von Eberswalde bis zur Ostsee, mit wenigen Brückenköpfen ostwärts des Flusses, die jedoch bald geräumt werden mußten.

Der erste Eindruck, den ich bei Übernahme der Armee gewann, war geradezu deprimierend, da es ihr nahezu an allem mangelte, was zu einer wirksamen Verteidigung notwendig war.

Es fehlte ausreichende Artillerie. Es gab keine Pionier-Einheiten, um die Abwehrstellen an der Oder pioniertechnisch zu verstärken. Die „Divisionen" und Kampfgruppen waren Reste zerschlagener Verbände und nur zum Teil in sich geschlossene Einheiten. Die Truppe hatte nur geringe Kampfstärken infolge der ununterbrochenen schweren Kämpfe in Ostpreußen und Pommern, sie war zudem überbeansprucht und wegen Mangels an Kraftfahrzeugen unbeweglich. Es gab nicht einmal taktische Reserven.

In den folgenden Wochen traten zusammengewürfelte Marsch- Bataillone hinzu, die vorerst nur geringen Kampfwert besaßen.

Nur im Norden der Front der 3. Panzer-Armee waren einige kampfkräftige Panzer-Einheiten verfügbar. Diese wurden aber nach kurzer Zeit ausnahmslos nach Berlin beordert, um im dortigen Kampfraum eingesetzt zu werden.

Von der Luftwaffe war in diesen entscheidenden Wochen im deutschen Osten nichts zu sehen.

Im Süden anschließend stand die 9. Armee unter General der Infanterie Busse.

Busse, ein fähiger Mann, der lange Zeit Chef des Stabes von Feldmarschall von Manstein gewesen war, sah sich größeren Schwierigkeiten gegenüber als ich. Sein Abschnitt schien am meisten gefährdet, sobald die Rote Armee zu ihrer erwarteten Frühjahrs-Offensive antrat.

Während bei uns im Norden die Oderniederung auf drei Kilometer Breite unter Wasser stand und eine natürliche Barriere bildete, war der Fluß anderswo kaum über die Ufer getreten, so daß ihm dieses natürliche Hindernis fehlte. Darüber hinaus ergab die Aufklärung, daß sich im Raume Küstrin-Frankfurt/Oder die stärksten Feindkräfte massierten.

Aus den Feindlagemeldungen wußte ich, daß sich Busses 9. Armee gegenüber etwa acht sowjetische Infanterie-Armeen und zwei bis drei Panzerarmeen bereitstellten. Hingegen war die Feindansammlung vor meiner Armee mit vier bis fünf Infanterie-Armeen und einer Panzer-Armee ‚gering'."[31]

Am 6. April 1945 fand im Führerhauptquartier eine Lagebesprechung statt, auf der Generaloberst Heinrici aufgefordert wurde, die Situation an seiner Verteidigungs-front darzustellen.

„Heinrici begann mit seinem Vortrag. Er schilderte die Maßnahmen, die er in den letzten acht Tagen getroffen hatte. Dann erklärte er - und man sah, wie sich dabei sein schmales Gesicht straffte -, daß er trotz allen Bemühungen bezweifeln müsse, daß die Oderfront den Belastungen des zu erwartenden sowjetischen Großangriffs standhalten werde. ...

Hitlers zitternde Hand raschelte auf der Karte. >Ich höre immer Zahlen<, sagte er mit leiser, greisenhafter Stimme. Dann wurde seine Stimme plötzlich lauter: >Ich höre nichts von der inneren Festigung der Truppe. Es kommt alles darauf an, einen fanatischen Glauben zu erwecken. Unsere Bewegung hat bewiesen<, schrie er unvermittelt, >daß der Glaube es ist, der Berge versetzt! Wenn Ihre Soldaten von diesem fanatischen Glauben erfüllt sind, werden sie von selbst ihren Mann stehen und diese Schlacht, die über Deutschland entscheiden wird, siegreich beenden. Ich weiß ganz genau, daß auch die Sowjets jetzt am Ende sind. Sie kämpfen mit allen möglichen Beutesoldaten. Aber sie erfüllen dieses zusammengelesene Pack mit einem fanatischen Willen. Sie sollen Berlin erobern, bevor sie endgültig erschöpft sind.< ...

>Jetzt kommt es nur noch darauf an<, schrie er weiter, >wer stärker glaubt, wer in diesem Kampf der letzten Kräfte einige Minuten länger aushält! Das aber werden wir sein, und das hat jeder Soldat an der Oder zu wissen, und daran hat er fanatisch zu glauben!< ...

Heinrici brauchte einige Minuten, um sich zu fassen. Sein Gesicht schien nur noch eine Maske. Aber dann setzte er mit der Zähigkeit, die ihm eigen war, seinen Vortrag fort. Er sagte, so, als sei nichts geschehen, daß er Hitlers Einschätzung des Gegners auf Grund seiner persönlichen Erfahrungen nicht teilen könne. Er nannte als Beispiel die sowjetischen Artilleriemassierungen, denen er nichts entgegenstellen könne. Er legte Punkt für Punkt seine Unterlagen vor. Er bewies, daß die eigene Front gegen die feindliche Übermacht wohl eine Reihe von Tagen halten könne, daß es dann aber unmöglich sein würde, die eintretenden Verluste zu ersetzen, daß es daraufhin zu Durchbrüchen kommen müsse, daß er diese Durchbrüche aber wiederum nicht auffangen könne, weil er über keinerlei infanteristische Eingreifreserven verfüge. Die Abwehrschlacht könne nach den unerschütterlichen Gesetzen, die die zahllosen Abwehrschlachten des Ostens herauskristalisiert hätten, zu keinem guten Ausgang kommen, weil die begrenzte Kraft der deutschen Truppen nach einigen Tagen zu Ende sei. Jeder Soldat an der Oderfront wisse, gegen wen und für was er zu kämpfen habe. Aber das Kräfteverhältnis sei derart, daß bester Wille und größter Fanatismus damit nicht fertig werden könnten. Es bedürfe neuer deutscher Kräfte und vor allem deutscher Waffen."[32]

Diese von Heinrici mit großer Selbstbeherrschung vorgetragene Einschätzung der Lage im Bereich seiner HG Weichsel zeigte Wirkung.

„>Mein Führer<, erklärte er (Göring) in dem großartigen Ton, der zu seiner Natur gehörte, >ich stelle Ihnen aus der Luftwaffe hunderttausend Mann für die Oderfront zur Verfügung. In wenigen Tagen werden sie an der Oder sein.<
...

Seine Worte ... hatten irgendwelche Schleusen geöffnet. Die stete Rivalität mit Göring ließen Himmler und Dönitz nicht schweigen.

>Mein Führer<, erklärte Himmler, >die SS stellt fünfundzwanzigtausend Kämpfer für die Oderfront.< Und Dönitz fiel ein: >Mein Führer, die Kriegsmarine ist ebenfalls in der Lage, der Oderfront noch zwölftausend Männer zur Verfügung zu stellen. Sie werden schon in den nächsten Tagen in Marsch gesetzt werden.<

Es war ein bedrückendes Schauspiel, zu sehen, wie in diesem Augenblick noch einmal aus den Kanälen der verschiedensten Machtbereiche, die jahrelang miteinander rivalisiert hatten, Soldaten herausgestoßen wurden, von denen keine zentrale Stelle etwas wußte.

Heinrici hörte wortlos den plötzlichen Angeboten zu. Er fragte sich, ob es zumindest bei Männern wie Göring und Dönitz soviel Dilettantismus in primitivsten militärischen Fragen geben konnte? Denn was sollten hunderttausend Luftwaffensoldaten, in erster Linie Flieger, Bodenpersonal und Flakartilleristen, die niemals für den Erdkampf ausgebildet worden waren und über keinerlei geeignete Bewaffnung verfügten, einem Gegner gegenüber ausrichten, dessen Truppen in vier Kampfjahren und ungezählten Schlachten die Technik des Panzer- und Infanteriekampfes zu beherrschen gelernt hatten? Was bedeuteten diesem Gegner gegenüber Marineartilleristen und ehemalige Schiffsbesatzungen, ohne Ausbildung, ohne Erfahrung, wahrscheinlich ohne Waffen und vor allem ohne genügend Zeit, sie auszubilden?"[32]

„Drei Tage nachdem Heinrici, von Berlin kommend, wieder in Prenzlau eingetroffen war, meldete das Oberkommando des Heeres, daß die Reserven, die Göring, Dönitz und Himmler versprochen hatten, bereitstünden. Als die Reserven jedoch im rückwärtigen Gebiet der 9. Armee und der 3. Panzerarmee versammelt waren, stellte sich heraus, daß es sich um nicht mehr als dreißigtausend Mann handelte. Der größte Teil rekrutierte sich aus den jüngsten Jahrgängen. Er war weder ausgebildet noch feldmäßig bekleidet, noch bewaffnet. Durch Auskämmung der letzten Bestände gelang es der Heeresgruppe, etwa tausend Gewehre aufzubieten. Damit waren aber auch alle Möglichkeiten erschöpft.

Heinrici hatte dieses Ergebnis kommen sehen. Er befahl, den Ersatz in rückwärtigen Kasernen und Lagern zu belassen und dort, so gut es ohne Waffen ging, auszubilden."[33]

So sah es im März/April 1945 an der nördlichen Oderfront bei der 3. Panzer-Armee aus, in deren Bereich auch unsere HJ-Volkssturmkompanie nacheinander in Stettin-

Altdamm, Stettin-Pölitz, Stettin-Odermünde, Ziegenort, Sommersdorf und Karlsberg stationiert war, bevor am 26. April vor Tagesanbruch der Rückzug aus unserer Auffangstellung am Randowbruch begann.

12

Große Aufregung herrschte eines Tages in der ganzen Kompanie, weil wir unsere gepflegten, verläßlichen Waffen mitsamt der Munition abgeben sollten. „Befehl von oben." Das konnte und durfte doch nicht wahr sein! Lag hier ein Fall von Sabotage vor, wie einige argwöhnten?

Vermutlich nicht; denn dieser Befehl kam von einer Division des Heeres, deren Ic ihn persönlich überbrachte. Der Einspruch von Lt. Rossdeutscher war natürlich vergebens. Sehr wahrscheinlich wurden unsere Waffen wirklich irgendwo dringender gebraucht. Deshalb mußten wir zähneknirschend gehorchen.

Anschließend führte man uns an einen im Freien zusammengeworfenen Haufen von Beutegewehren. Das sollte der Ersatz sein. Nach langer Suche fischte ich mir einen Schießprügel heraus, der weniger schlecht zu sein schien als andere. Man ließ uns Zeit zur Pflege dieser Ersatzwaffe, und gleich danach durften wir sie beim Übungs-schießen mit scharfer Munition ausprobieren.

Bei früheren Schießübungen mit dem legendären Karabiner 98k machte ich die Erfahrung, daß ich ein ganz guter Schütze war. Mit dem Beutegewehr aber traf ich nicht, weil die Justierung nicht stimmte. Meinen Kameraden ging es ähnlich. Man hatte uns Ausschußwaffen in die Hand gegeben.

Soweit meine unverlierbare Erinnerung.

In den Aufzeichnungen unseres Kompanieführers aus dem Jahre 1983 fand ich zu dieser Episode folgende Darstellung:

„Bald darauf wurden wir (von Ziegenort, d.Verf.) *nach Süden an die Oder verlegt, wo wir in einem verlassenen Dorf* (Sommersdorf) *Quartier machten. Meine Kompanie war die äußerste, südlichste. Verbindung zu einem rechten, also südlichen Nachbarn*

bekamen wir trotz mehrfacher Versuche nicht. Wir waren einer dort liegenden Division zugeteilt, von der wir nur den Stab zu Gesicht bekamen, bei dem ich auch so gut wie nichts in Erfahrung bringen konnte. Man rüstete uns mit russischen Beutekarabinern und ausreichend Munition aus, doch ist es zu einem übungsmäßigen Einschießen dieser Waffen nicht mehr gekommen.

Zum Glück konnte ich meinen russischen Schießprügel bald danach gegen eine italienische MPi eintauschen. Man übergab sie mir mit dem Hinweis, sehr sorgfältig darauf zu achten, daß immer nur ein leeres Magazin in der MPi steckte, da sich bei vollem Magazin schon mehrfach unbeabsichtigt Schüsse gelöst hatten, wie es hieß.

Dieser Fall traf in einem anderen Zug unserer Kompanie leider ein. Als jemand beim Waffenputzen in einem Raum mit seiner italienischen MPi herumfuchtelte, in der irrtümlich ein volles Magazin steckte, lösten sich Schüsse, die einen Kameraden sofort töteten, wie mir Hans Hedemann berichtete, der damals Augenzeuge war und die beiden Beteiligten - Täter und Opfer - gut kannte.

Als der Schütze begriffen hatte, was von ihm angerichtet worden war, wollte er sich sofort selber umbringen. Das konnte verhindert werden.

In bestimmten Situationszusammenhängen muß ich immer wieder einmal an diesen Todesschützen denken, dem schon in so jungen Jahren eine so schwere Gewissensschuld aufgeladen wurde. Wie mag er damit wohl haben leben können?

Ein weitaus schlimmeres Unglück ereignete sich in einer anderen Einheit. Dabei wurden durch die Explosion einer Panzerfaust mehrere 16-17 jährige HJ-Unterführer getötet, die zu Panzervernichtungstrupps zusammengestellt werden sollten und dafür ausgebildet wurden, wie Lt. Rossdeutscher berichtete.

Auch zu leichteren Verletzungen mit anderen Waffen soll es anderswo gekommen sein.

Nicht ohne Grund findet ja überall auf der Welt beim Militär das Übungsschießen mit scharfer Munition unter Beachtung strengster Sicherheitsvorkehrungen statt. Bei uns Kindersoldaten, deren Ausbildung sich in Frontnähe vollzog, weshalb wir ständig scharfe Munition mit uns führten, war die Gefahr einer fahrlässigen Handlung verständlicherweise größer.

Am 26. September 1998 sagte mir der ehemalige Gebietsführer von Pommern, Gerd Wegner, daß ihm alle diese Unfälle gemeldet wurden, daß es aber in keinem Falle zu einer Untersuchung und Verurteilung kam, weil das Kriegsende nahe bevorstand.

13

Am 14. April 1945 lag unsere Kompanie in Sommersdorf. Da ich meine Mutter mit meinem jüngsten Bruder noch immer in dem nur vier Kilometer entfernten Städtchen Penkun vermutete, bat ich Lt. Rossdeutscher, sie dort kurz besuchen zu dürfen.

„Selbstverständlich darfst Du das", antwortete er spontan. „Wenn Du möchtest, darfst Du sogar bei ihnen bleiben. Ich wäre dazu bereit, Dich zu entlassen."

Das kam für mich aber überhaupt nicht in Frage. Ich habe meiner Mutter deshalb nichts von diesem Angebot gesagt. Sie hatte gelernt, sich in Unabänderliches zu fügen, und versuchte nicht, mich zurückzuhalten.

Auch diese kleine Episode bestätigt den guten Eindruck, den Lt. Rossdeutscher gleich beim ersten Mal auf mich gemacht hat. Er nahm die Verantwortung für seine Kompanie sehr ernst und trug schwer daran. Mit meiner Entlassung hätte ich sie ihm ein ganz klein wenig erleichtern können. So aber „fiel ich ihm auch weiterhin zur Last."

In der Nacht zum 15. April - es war der 16. Geburtstag von Klaus - , schlief unser Zug auf einem Bauernhof auf dem Boden über den Stallungen. Da mein Biorhythmus mich zu einem Frühaufsteher macht, der allerdings auch nicht gerne bis Mitternacht aufbleibt, war ich als erster munter, stieß die große hölzerne Bodenluke auf, schaute über den Misthaufen hinweg zum Hoftor und sah gerade in diesem Augenblick Frau Leistikow mit ihrem jüngsten Sohn Hans-Jürgen von der Dorfstraße hereinkommen. Zufälle gibt's!

Das wird Klaus aber gar nicht recht sein, war mein erster Gedanke. Mir wäre das ja genauso gegangen. Frauen und Kinder gehörten nicht in die Frontnähe.

Schnell rief ich Klaus diese Neuigkeit zu, kletterte auf den Hof hinab und eilte den Beiden entgegen.

Frau Leistikow, die langjährige Kantinenwirtin in der Pionierkaserne Stettin-Podejuch, war eine ungewöhnliche Frau. Sie stammte aus dem deutsch-polnischen Grenzgebiet und war zweisprachig aufgewachsen. Freunde und Bekannte nannten sie gerne Mutter Courage nach der Titelfigur von B. Brechts berühmtem Schauspiel oder Mutter Wolffen nach der Hauptfigur in G. Hauptmanns Biberpelz. Auch hätte sie gut in den Film „Kinder, Mütter und ein General" hineingepaßt, wenn auch nicht für die unvermeidliche Liebesszene; denn sie war inzwischen eine stattliche Matrone geworden.

Was sie mit Lt. Rossdeutscher besprochen hat, weiß ich nicht. Danach aber marschierten Klaus und ich mit den Beiden nach Penkun. Dort überzeugte sie meine Mutter davon, daß sie sofort meinen Bruder Lothar aus dem KLV-Lager Binz auf Rügen holen müsse. Meine Muttter machte sich auch sogleich mit meinem jüngsten Bruder auf den Weg, kehrte aber leider mit beiden Söhnen wieder nach Penkun zurück. Vernünftig wäre es gewesen, von Binz aus sofort über Saßnitz mit dem Schiff oder zu Lande über Stralsund in den sicheren Westen weiterzuziehen.

Von Sommersdorf aus muß ich mindestens zweimal bei meiner Mutter „in Urlaub" gewesen sein, wenn auch jeweils nur für einige Minuten oder Stunden; denn sie konnte mir noch eine wunderbare, strapazierfähige, nagelneue Fallschirmjägerhose mit vielen Taschen passend machen. Ich bekam sie im Tausch für ein Glas Honig von einem Kameraden, der zu einem kurzen Arbeitseinsatz in ein Bekleidungsdepot abkommandiert worden war und sie dort als Belohnung erhalten hatte.

Von dieser Hose wird später noch einmal die Rede sein.

Was ich damals, in den ereignisreichen Tagen nach dem 20. April 1945 nicht wußte und erst 1998 aus den Aufzeichnungen von Lt. Rossdeutscher erfuhr, ist folgendes:

Am 19. April 1945 wurden Werner Stüwe und ich zu einer Befehlsausgabe beordert, deren Vorsitz der stellvertretende Gauleiter Simon hatte. Der war der eigentliche Scharfmacher in Pommern, während der alte Gauleiter (Papa) Schwede-Coburg sich langsam im Wechsel zur Senilität befand. Auf dieser Zusammenkunft gab ein Oberstleutnant die Anweisungen und drückte sich dabei so brutal aus, wie ich es bis dahin nicht einmal von der Waffen-SS gehört hatte: Der russische Angriff über die Oder sei zu erwarten. Wir hätten uns von der Front überrollen zu lassen und hinter den gegnerischen Linien den Werwolf zu gründen sowie Verbindung mit anderen entsprechenden Gruppen aufzunehmen. Wir hätten Sabotageakte durchzuführen und uns aus den Beständen der von uns vernichteten gegnerischen Nachschubeinheiten zu versorgen. Aus Tarnungsgründen dürften keine Gefangenen gemacht, also kein Gegner am Leben gelassen werden. Auch eigene Verwundete und Kranke, die wir nicht wegschaffen könnten, seien von uns, den Kompaniechefs, eigenhändig zu erschießen. Als ich fragte, was denn in solchem Falle mit den Mädchen geschehen solle, schrie er ekstatisch, für die gelte natürlich das Gleiche.
Nach Schluß dieser widerlichen Veranstaltung gaben Werner Stüwe und ich uns draußen zum Abschied kopfschüttelnd die Hände und sagten, wir wüßten ja nun Bescheid. Er meinte das Gleiche wie ich: Spätestens von jetzt an haßten wir alles, was nur nach Goldfasan roch. Wir kannten nur noch ein Ziel: Unsere Mädchen und Jungen möglichst unversehrt heimzubringen. Werner Stüwe habe ich nach dem Kriege wiedergetroffen. Er wohnt in Geesthacht. Er hat genau so gedacht und gehandelt wie ich.

Auf der geschilderten Befehlsausgabe und Lagebesprechung hatte man uns Ausweise übergeben, die besagten, daß wir berechtigt seien, zurückgehende Truppen, einschließlich Generäle, mit Waffengewalt zur Wiederaufnahme des Kampfes zu zwingen. Handschriftlich unterzeichnet von SS-Obergruppenführer Berger und faksimile von Heinrich Himmler, Reichsführer der SS, Chef der deutschen Polizei.

Hierzu schrieb 1995 Artur Axmann, Hitlers letzter Reichsjugendführer, in seinem Buch „Das kann doch nicht das Ende sein":

> „In der letzten Phase des Krieges suchte mich in meiner Dienststelle der SS-Obergruppenführer Prützmann auf. Er war der Beauftragte Himmlers für den Werwolf. Er unterbreitete mir seinen Vorschlag, die Gebietsführer der Hitlerjugend zu Beauftragten des Werwolfs zu ernennen. Ich lehnte diesen Vorschlag ab und vertrat die Auffassung, daß jeder diese Entscheidung vor seinem Gewissen treffen müßte. Prützmann war enttäuscht. Aus Potsdam und Wien wurde mir im nachhinein gemeldet, Prützmann habe auf einer Zusammenkunft verkündet, er müsse nun die Werbung in der Hitlerjugend für den Werwolf an der Reichsjugendführung vorbeiführen. So kam es, daß sich hier und da auch Angehörige der Hitlerjugend für den Werwolf betätigten. Entgegen der verbreiteten Meinung, ich habe dafür die Befehle erteilt, stelle ich fest, daß von mir eine solche Weisung nie mündlich oder schriftlich erfolgt ist. Hätte ich das getan, so wäre ich mit Sicherheit in Nürnberg angeklagt worden und hätte dafür die entsprechenden Folgen tragen müssen."(S.414)

Vereinzelt hat es also wirklich Werwolf-Aktionen gegeben. Sie blieben jedoch ohne Bedeutung für das Gesamtgeschehen.

Rückblickend gewinnt man deshalb den Eindruck, daß Bormanns Werwölfe lediglich Papiertiger des Propaganda-Ministeriums von Goebbels waren. Was dessen Staatssekretär Werner Naumann am 23. März 1945 in München in einer Rede prophezeit hatte, traf jedenfalls nicht ein. Das belegen die beiden folgenden Zitate:

Staatssekretär Naumann am 23. März in München:

> „Der Feind sieht es heute schon ein, daß eine Besetzung Deutschlands für ihn unmöglich wäre, denn über zwanzig Jahre nationalsozialistischer Erziehung haben es unmöglich gemacht, daß 20 oder 30 Millionen Deutsche sich willenlos vom Feinde ins Ausland abtransportieren ließen. Der Feind würde, wenn ihm ein Erfolg beschieden wäre, in Deutschland einen Partisanenkrieg unter dem Zeichen des „Werwolfes" erleben, wie ihn die Welt bisher noch nicht gesehen hat. Denen würden wir eine Götterdämmerung aufspielen, von der sie sich heute überhaupt keine Ahnung machen."[34]

Rittmeister Boldt notiert:

„Es stellte sich sehr bald heraus, daß die ins Leben gerufene Werwolfaktion ohne jegliche Bedeutung blieb, da der Vormarsch der alliierten Armeen viel zu rasch vor sich ging. Nicht einmal Hitlers Elitetruppen folgten mehr dem Aufruf. Als die 6. SS-Gebirgsdivision, die aus Norwegen herangebracht worden war, im Taunus von amerikanischen Truppen eingeschlossen wurde, gab Hitler dieser fünfzehntausend Mann starken Division den Befehl, sich in kleine Trupps aufzusplittern und sich in die Organisation des Werwolfs einzureihen. Aber auch aus dieser Unternehmung wurde nichts."[34]

Erfolglos blieb auch das persönliche Eingreifen des Propagandaministers Goebbels. Aus Unzufriedenheit mit Bormann, dem er vorwarf, aus seiner „Parteikanzlei eine Papierkanzlei" gemacht zu haben, wurde er am 26. März 1945 selber aktiv, wie er einen Tag später in seinem Tagebuch notierte:

„Ich bin jetzt dabei, in grossem Stile die sogenannte Aktion Werwolf zu organisieren. Die Werwolf-Aktion hat sich zum Ziel gesetzt, in den feindbesetzten Gebieten Partisanengruppen zu organisieren. Viel Vorbereitung ist dafür noch nicht getroffen."

Zwei Tage später schrieb er:

„Erfreulich ist die Meldung, dass der von den Angloamerikanern in Aachen eingesetzte Bürgermeister Oppenhoff in der Nacht vom Dienstag zum Mittwoch von drei deutschen Partisanen erschossen worden ist. Ich glaube, dass den Bürgermeister Vogelsang von Rheydt in den nächsten Tagen dasselbe Schicksal treffen wird. Trotzdem bin ich mit der Arbeit unserer Werwolf-Organisation nicht zufrieden. Sie läuft erst sehr langsam an, und es scheint nicht der richtige Druck dahinter zu stehen. Ich werde beim nächsten Vortrag beim Führer evtl. versuchen, mir selbst diese Organisation anzueignen. Ich würde ihr einen anderen Schwung verleihen, als sie ihn bisher besitzt."

Und schon am 2. April 1945 (Ostermontag) konnte er als Ergebnis seiner angestrengten Bemühungen in seinem Tagebuch vermerken:

„Durch beschleunigte Massnahmen ist es jetzt endlich gelungen, den Sender Werwolf schon am Abend des ersten Ostertages zum ersten Mal zu Gehör zu bringen. Der Sender sendet auf der alten Welle des Deutschlandsenders und besitzt eine beträchtliche Stärke. Das Programm für die erste Sendung wird mir in Einzelheiten vorgetragen, und ich selbst schreibe dazu einen ausserordentlich revolutionären Aufruf, in dem ich auf die reguläre Kriegführung und auf die Aussenpolitik des Krieges nicht die geringste Rücksicht nehme. Am Abend wird die Sendung über den Werwolf-Sender

übertragen und dann zum Teil auch auf die regulären Sender des Reiches übernommen. Die Sendung macht einen ausgezeichneten Eindruck. Sie ist von einem revolutionären Geist erfüllt und wird sicherlich sehr viele Hörer finden. Ich werde die Werwolf-Sendungen jeden Abend durchführen, und ich hoffe, mit diesen Sendungen die Aktivisten zu einer festen Gemeinschaft im ganzen Reich zusammenzuschliessen. Es ist direkt erfrischend, einmal einen Ton zu vernehmen, wie er früher in der Kampfzeit üblich gewesen ist. Ich habe die Absicht, dem Sender und der Zeitung „Werwolf" im Kampf um die Freiheit des deutschen Volkes dieselbe Rolle zuzuteilen, die ich seinerzeit der Zeitung „Der Angriff" im Kampf um die Macht zuteilt habe. Ich glaube, damit auch dieselben Erfolge erzielen zu können. Der „Werwolf" wendet sich bewusst an die politische Minderheit der Unentwegten und Beharrlichen, die ja immer die eherne Spitze am bleiernen Keil des Volkes bilden. Die Sprache, die er spricht, ist der jetzigen Zeit durchaus angemessen und wird entsprechend auch auf
(hier fehlen vermutlich 25 Seiten der Eintragung vom 2.4.1945, s.S. 492)"

Starke Worte, aber nicht die erhoffte Initialzündung. -

In den frühen Morgenstunden des 30. April 1945 meldete GFM Keitel dem Führerhauptquartier in der Reichskanzlei, daß für Berlin keine Hilfe mehr von einer Entsatzarmee zu erwarten sei. Da Hitler und Goebbels nun keinen Strohhalm mehr hatten, an den sie sich noch klammern konnten, begingen sie Selbstmord: Hitler am Nachmittag desselben Tages, Goebbels am Abend des 1. Mai. Bormann und SS-Brigadeführer Mohnke, der letzte Kampfkommandant für die Reichskanzlei (Deckname „Zitadelle"), planten daraufhin den Ausbruch in 10 kleinen Gruppen.

Hans Fritzsche, Radiosprecher und Abteilungsleiter im Propagandaministerium, entschied sich anders: er wollte zusammen mit einer Reihe von Mitarbeitern mit einer weißen Fahne zu den Russen gehen und die Kapitulation Berlins anbieten. Bormanns und Mohnkes bewaffneter Ausbruch „wäre damit zu einem Verstoß gegen das Kriegsrecht geworden. Fritzsche erklärte sich bereit, seine Aktion zu verschieben, wenn Bormann die geheime Widerstandsorganisation Werwolf sofort auflöse. Während einer Feuerpause trafen sie sich im Garten der Reichskanzlei, und Bormann ging ohne Protest auf die Forderung ein. Er rief, so erzählte Fritzsche später, einige Männer in SS-Uniform und in Zivil zusammen und gab den verlangten Befehl."[35]

Das war das unspektakuläre Ende der Werwolf-Organisation, die als „Kopfgeburt" Bormanns in dessen Parteikanzlei/"Papierkanzlei" entstanden war, nicht mehr „aus den Windeln kam", aber als Werwolf-Gespenst leider noch eine Zeitlang in den Köpfen der Alliierten, vor allem der Russen, herumspukte. Wehe denen, die in der Gefangenschaft verdächtigt wurden, ein Werwolf zu sein.[36]

Abb.5

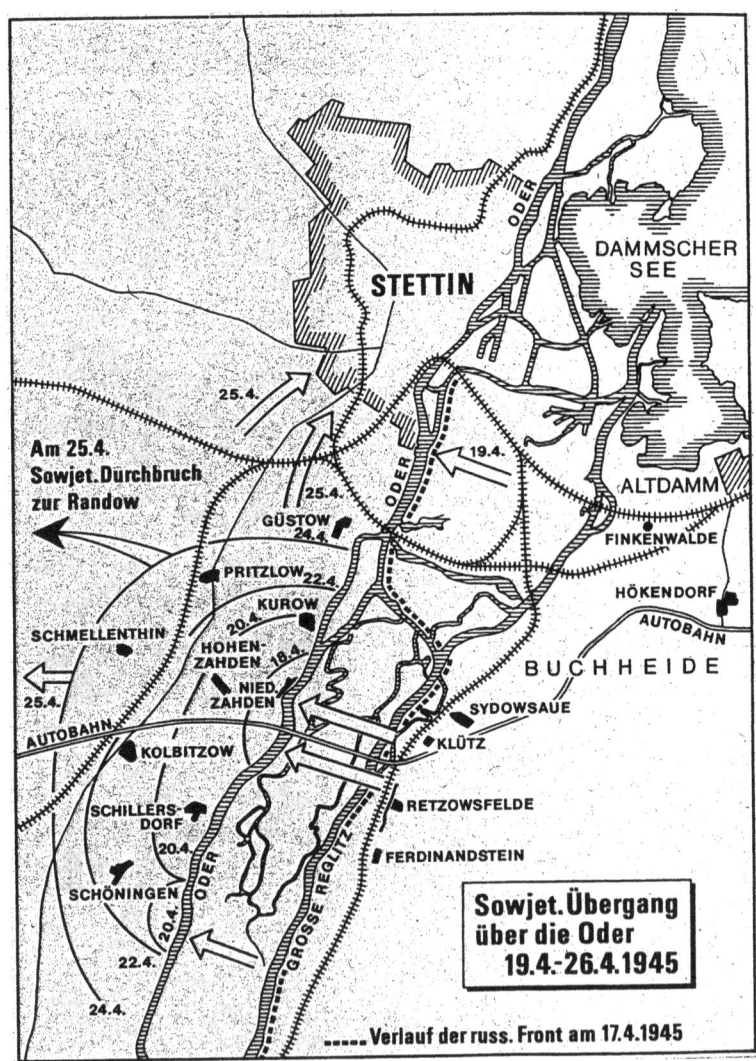

15

In memoriam

Karl-Walter Rossdeutscher

Von Sommersdorf wurden wir in das nur wenige Kilometer entfernt gelegene Vorwerk Karlsberg verlegt, das zu dem Rittergut Blumberg gehörte. Hier übernachteten wir in einem Schafstall und schlugen danach etwa 3 km entfernt in einem Wald Zelte auf. Anschließend setzten wir die Ausbildung fort. In unserem Zug übten wir erstmals den Umgang mit Eierhandgranaten. Jeder sollte wenigstens ein Mal eine Granate scharf machen und werfen. Wieder ging es „der Größe nach". Die ersten hatten schon geworfen, ich noch nicht, als urplötzlich Lt. Rossdeutscher mit seinem Motorrad bei uns auftauchte.

„Sofort aufhören und Stellung beziehen; dabei möglichst keinen Lärm machen", sagte er. „Die Russen sind bereits im Wald."

Dann mußte ich, der Melder des 3. Zuges, zu ihm auf das Motorrad steigen, und ab ging die schnelle Fahrt auf Waldwegen zurück zum Vorwerk Karlsberg. Unterwegs überquerte ein starker Keiler unseren schmalen Försterweg. Ich sah ihn über die Schulter von Lt. Rossdeutscher hinweg und dachte: Den werden nun also auch die Russen jagen und nicht mehr deutsche Jagdpächter.

In Karlsberg vertraute mir Lt. Rossdeutscher vier BDM-Führerinnen an mit dem Auftrag, sie sofort und so schnell wie möglich in unser Waldlager zu bringen. Er selbst raste voraus, weil er dort jetzt dringend gebraucht wurde.

Die Existenz dieser vier Mädchen in unserer Kompanie hatte ich bis dahin noch gar nicht wahrgenommen. Lt. Rossdeutscher schreibt, daß sie uns erst wenige Tage zuvor als Sanitätstrupp zugeteilt worden waren.

Als sein Motorrad im Wald verschwand, gerieten die Mädchen sichtbar in einen Angstzustand, wenn auch nicht in Panik, obwohl ich doch „schwer bewaffnet" war mit einer italienischen MPi und einer Eierhandgranate. Hastig brachen wir auf. Daß die Angst bei ihnen im Wald nicht ab-, sondern eher zunahm, konnte ich ihren wiederholten Fragen entnehmen. Immer wieder wollten sie von mir wissen, ob ich mich auch nicht verlaufen hätte, sondern auf dem richtigen Weg sei.

Vor allem wegen dieser Begleitumstände war ich heilfroh, als ich dem Kompanieführer die Mädchen wohlbehalten übergeben konnte.

„Befehl ausgeführt!" -

Zu dieser Episode schrieb mir am 24. November 1998 Dr.med. Hans-Jürgen Schmeling, damals der Adjutant/die Ordonnanz von Lt. Rossdeutscher: „Nach dem Eintreffen der vier BDM-Führerinnen in unserem Waldlager sagte er: ,Hans-Jürgen, fahr doch bitte schnell mal zum Vorwerk Karlsberg. Eine unserer Damen hat dort ihre Tasche mit ihren Ausweisen liegen gelassen.' Wie der Blitz sauste ich mit meinem Leichtmotorrad davon. Nach etwa 1 ½ bis 2 Kilometern sprang die Kette ab und verklemmte sich fest zwischen Zahnrad und Motorblock. Schwitzend und fluchend schob ich das Motorrad zurück. An dem Waldweg stand Lt. Rossdeutscher. Als ich ihn erreichte, nahm er mich in den Arm mit den Worten: ,Gott sei Dank, daß Du wieder da bist. In Karlsberg sind schon die Russen.' "

Über das, was damals geschah, gibt es die unveröffentlichten, schriftlichen Aufzeichnungen unseres Kompanieführers aus dem Jahre 1983/84. Ich zitiere hier zunächst kommentarlos seine zusammenhängende Darstellung. Anschließend lassen sich auch meine eigenen Erlebnisse leicht in das Geschehen dieser Tage einordnen.

In der folgenden Nacht - es war die Nacht vom 19. zum 20. April 1945 (der Verf.) -, *bei Beginn der Morgendämmerung weckte mich die Wache, weil der diensthabende Unteroffizier einen russischen Angriff befürchtete. Jenseits der Oder war heftiges*

Schießen aller möglichen Waffen und Kaliber zu hören. Das steigerte sich in kürzester Frist zu einer Feuer-Orgie, wie ich alter Hase sie früher nie erlebt hatte. Die russische Luftwaffe, die hier schon überlegen war, griff mit Bomben und Bordwaffen in den Erdkampf ein. Es wurde ein schier unvorstellbares Getöse von Abschüssen und Einschlägen auf kleinstem, nämlich von mir, vom Hochufer aus überschaubarem Raum. Mir wurde klar, daß der Gegner im Begriff war, einen unserer letzten Brückenköpfe auf dem Ostufer des westlichen Oderarmes zu vernichten. Nach dieser unbeschreiblichen Feuervorbereitung konnte in dem kleinen Kessel eigentlich nichts mehr leben.Für einen Frontsoldaten war es schrecklich, dies alles genauestens zu sehen und weder eingreifen zu dürfen noch zu können. (Seitdem mag ich bis heute kein Feuerwerk mehr sehen und hören.) Wie üblich hörte dieses Angriffs-Vorbereitungs-Bombardement schlagartig auf, und es herrschte nun Totenstille im wahrsten Sinne des Wortes. Doch siehe da, als die russische Infanterie vorging, konnte man heftiges Schützen- und MG-Abwehrfeuer hören. Dennoch war das Schicksal des Brückenkopfes besiegelt.

Wir erhielten Befehl (den letzten des Krieges überhaupt), einige Kilometer westlich eine Auffangstellung einzurichten. Diese Gelegenheit nahm ich zum Anlaß, das rückwärtige Randow-Sumpfgelände zu erkunden, während der Spieß unseren Aufbruch einleitete. Ich fand eine geeignete Waldecke mit etwas hohem Baumbestand, durchzogen von zum Teil trockenen Gräben. Ein Platz, der uns Schanzarbeiten ersparte und gutes Beobachtungs- bzw. Schußfeld bot. Hier erlebten meine „Männer" ihr erstes Gefecht, das sie mit Bravour bestanden. Zunächst griffen wir einen MG-Trupp auf, der zu einer Marine-Felddivision gehörte und die West-Oder noch per Boot überquert hatte, dann aber versprengt worden war. Diese Seemänner machten einen guten Eindruck, doch fühlten sie sich zu Lande verständlicherweise so unsicher, wie wir zur See. Ich ließ sie in Erwartung weiterer Ereignisse in Stellung gehen. Bald darauf hörten wir im Osten Infanterie-Gefechtslärm. Wir vereinnahmten eine zurückgehende Gruppe von SS-Männern und brachten auch sie in Stellung. Das war nicht ganz leicht, weil sie uns schlecht verstanden; oder wollten sie es nicht? Es stellte sich heraus, daß wir es mit „Beute-SS" zu tun hatten (Esten, Letten, Litauer). Sie hatten keine Lust mehr zu kämpfen, aber schreckliche Angst; denn es war bekannt, daß der Russe mit solchen „Deutschen" kurzen Prozeß zu machen pflegte. Außerdem waren sie körperlich völlig fertig, verschlangen das Wenige an Verpflegung, das wir ihnen bieten konnten, lagen trotz meiner Warnung auf Tuchfühlung beeinander, schliefen oder debattierten in ihrer Sprache.

Wir bemerkten Bewegung auf einem Bauernhof in etwa 400 Metern seitlicher Entferung, der vorher völlig verlassen dagelegen hatte. Da wir Wasser, Verpflegung und Futter für unser zuvor eingefangenes Pferd benötigten, unternahm ich mit einem Mann Begleitung einen Spähgang dorthin. Die unerfahrenen Jungen mochte ich nicht auf Spähtrupp schicken. Meinen Vertreter hatte ich angewiesen, jedes Ziel, von dem aus ich beschossen würde, sofort kräftig aufs Korn nehmen zu lassen und mir so wirkungsvollen Feuerschutz zu geben. Das geschah dann auch prompt. Als ich dem Hof näher gekommen war und Russen erkannte, die uns sofort beschossen, reagierte meine Kompanie blitzartig. Unter dem eigenen Feuerschirm konnten wir gut zurück-kriechen und -springen.

Unterdes griff der Gegner auch mit Granatwerferfeuer unsere Stellung an. Bei meiner Rückkehr wurde mir gemeldet, daß die SS-Gruppe mehrere Granattreffer erhalten hatte. Wie ich dann feststellte, waren es Volltreffer. Niemand von ihnen war mehr am Leben. Sie hatten meine Warnung ignoriert und sich falsch verhalten, unseren Jungen aber mit ihrem unnötigen Tod eine nachhaltige Lehre erteilt. Von unseren Leuten hatte nur einer einen Splitter ins Bein bekommen. Den habe ich anderntags mit dem letzten Sprit per Krad zu einem zurückgehenden Verbandsplatz gebracht. Dann mußte ich die treue und ach so schöne, weil ganz neue und moderne, 250er DKW-Maschine stehen lassen. Wir hätten sie so nötig gebraucht. Sie zu zerstören, wie befohlen, brachte ich nicht übers Herz.

Doch zurück zur anbrechenden Abenddämmerung: Der Gegner versuchte nun, uns in dem erwähnten Grabensystem zu umfassen, was ihm ohne seine Granatwerferunter-

stützung aber nicht gelang. Diese Granatwerfer hatten nämlich meine Baumbeobachter inzwischen ausgeschaltet. Das waren zwei Jungen, die mich nach dem ersten Beschuß gebeten hatten, ihnen mein Zielfernrohrgewehr zu erklären und zur Bekämpfung der Granatwerfer, deren Stellung sie von ihrem Baum aus einsehen konnten, zu überlassen. Ich entsprach ihrem Wunsch, nicht zuletzt weil ich froh war, daß sie angesichts der Gefallenen nicht das heulende Elend packte, und weil ich fürchtete, daß jeden Moment neue Verluste eintreten konnten. Die Beiden hatten mir also gemeldet, daß sie mehrfach getroffen hätten und sich in der Granatwerferstellung nichts mehr rührte. Tatsächlich hatte dieser Beschuß aufgehört. Dafür wurde aber unser beiderseitiges Schützenfeuer immer heftiger. In dem Zwielicht konnte man nämlich kaum mehr zielen und versuchte ganz unbewußt wieder einmal Qualität durch Quantität zu ersetzen.

Was mir in der fortgeschrittenen Dämmerung aber auffiel, war, daß es beim Gegner dauernd aufblitzte in einer Art, die sich von seinen Abschüssen deutlich unterschied. Mittels Feldstecher erkannte ich, daß es sich um unsere Treffer und Einschläge handelte. Zusammen mit einem Feldwebel besah ich mir die Patronen genauer. Wir erkannten einen roten Ring am Patronenboden und schlossen daraus, daß es sich um Sprengmunition handelte. Damit, so hieß es, durfte man dem Gegner nicht lebend in die Hände fallen, obwohl oder gerade weil es russische Munition war. Daraufhin gab ich den Befehl an alle, sich mit den überall herumliegenden deutschen Waffen zu versehen, diese russischen dann unbrauchbar zu machen und wegzuwerfen.

Nach Einbruch der Dunkelheit setzte eine Absetzbewegung kleiner und größerer Gruppen ein, deren Umfang uns überraschte, weil sich niemand an unseren Gefechten beteiligt hatte, und deren Art schon an Flucht grenzte. Eine von uns vorher erkundete Brücke über den größten Wasserlauf war völlig verstopft, meldeten meine Späher. So entschlossen wir uns dazu, vorerst in Ruhestellung zu bleiben, um dann die Nachhut der zerschlagenen Truppe zu bilden. Wir ahnten noch nicht, daß wir das bis zum bitteren Ende blieben.

Vielleicht ist schon aufgefallen, daß ich in den letzten Absätzen häufig im Plural schreibe. Das entspricht unserer damaligen Lage. Ich hatte keine vorgesetzte Dienststelle mehr und keine taktischen Nachbarn, keine Versorgung und keine Entsorgung. Dafür aber einen mörderischen Auftrag mit halben Kindern und jungen Mädchen einem mit Recht rachsüchtigen Feind gegenüber. So löste ich mich langsam und fast unbewußt von dem üblichen System der einsamen Entschlüsse und Befehle. Ich fragte jeweils die Nächsten nach ihrer Meinung. In unserer verzweifelten Lage sagte jeder, was er dachte, hoffte und fürchtete. Alle hatten begriffen, daß nur gegenseitiges Verstehen und absolutes Zusammenhalten zu unserer Rettung führen konnte.

In der ersten Morgendämmerung war dann alles frei. Wir konnten ungehindert über die bewußte Brücke abziehen. Iwan schlief zu unserem Glück wohl noch. Er hatte allerdings am Abend vorher unerwartete Verluste durch uns gehabt und war jetzt vorsichtig.

Nach Überwindung des Sumpfgeländes kamen wir wieder durch große Waldungen. Wir marschierten so lange, bis die teilmotorisierten Russen uns eingeholt hatten. Das war in einem Kusselgelände, das uns zwar gut tarnte, welches wir wegen der Fliegergefahr jedoch schnellstens wieder mit Wald zu vertauschen gedachten. Dabei stießen wir auf eine Pak, die gerade Stellungswechsel machen wollte. Diese brachte mich auf den Gedanken, unsere Verfolger vorübergehend zu stoppen. Wir baten den Pak-Zugführer, doch noch schnell einige Schuß auf die gerade erkennbaren Panzer mit aufgesessener Infanterie abzugeben, um deren Elan wenigstens etwas zu bremsen. Er lehnte ab, so daß wir ihn mit „sanfter" Gewalt überreden mußten. Es gab bei uns nämlich keinen Halt mehr, ohne daß alles, mindestens aber Spitze und Ende der Kolonne sofort in Stellung gingen. Als die Pak-Leute in unsere Gewehrläufe sahen, fühlten sie sich fast überredet und bequemten sich zu Verhandlungen. Wir einigten uns auf 2 Schuß, weil sie selbst nur noch 6 übrig hatten. So rigoros mußte man sein, um zu überleben. Nach den Abschüssen waren die Russen sofort verschwunden, d.h. in Deckung. Die Panzer schossen nicht einmal zurück. Sicher hatten auch sie

Munitionsmangel aufgrund ihrer langen Nachschubwege. Jedenfalls konnten wir im Schweinsgalopp die nächste kleine verlassene Ortschaft an einem Waldrand erreichen. Dort fingen unsere Mannen sogar einige Hühner, die noch nicht ganz gar waren, als Iwan wieder in Sicht kam. „Unsere" Pak war leider über alle Berge. Darum mußten wir uns eine andere Finte ausdenken: Während wir uns schnell wieder marschfertig machten und die halbgaren Hühner und Kartoffeln verteilt wurden, machten sich 3 Mann mit Panzerfäusten feuerbereit. Wir waren nun alle mit deutschen MPis, Maschinenkarabinern und Panzerfäusten reichlich versehen, die unsere fliehenden Truppen am Wegesrand „abgelegt" hatten. Bevor wir abrückten, schoß jeder noch schnell ein Magazin in Richtung Feind leer, das MG gab einige Feuerstöße ab und die drei Panzerfäuste detonierten, auf eine Mauer abgeschossen, wie schwere Artillerie. Anscheinend hatten wir damit erreicht, dem Gegner stärkere Abwehrkräfte vorzutäuschen; denn etwa eine Stunde später hörten wir Flugzeuge und dann Bombeneinschläge hinter uns. Unsere Nachhut (2 Mann auf Fahrrädern) kam uns keuchend nach und bestätigte: Jabos (Jagdbomber, schnell und wendig). Der Russe wollte wohl auch nicht mehr allzuviel riskieren und erwartete zudem stets, auf unseren von der Führungspropaganda groß angekündigten „unüberwindbaren" Ostwall zu stoßen. Er konnte ja nicht wissen, daß er diesen längst ostwärts der Oder überwunden hatte. Er bestand ja nur aus einigen Schützengräben, schwach befestigt und kaum verteidigt, die er beim Vormarsch nur am Rande bemerkt hatte.

Auf unserem weiteren Rückmarsch stießen wir an Ortseingängen auf erhängte Soldaten, die ein Schild trugen mit der Aufschrift „Ich bin ein Feigling, ich bin eidbrüchig, ich bin vor dem Feind geflohen" oder mit ähnlichem Geschmier. Das waren versprengte Landser, die keine klaren Papiere bei sich hatten. Sie wurden, wenn sie von den sogenannten „fliegenden Standgerichten" aufgegriffen wurden (Feldgendarmerie = „Kettenhunde", wegen ihres Blechschildes an einer Kette um den Hals), an Ort und Stelle als warnendes Beispiel sofort exekutiert. Am liebsten hätten wir solche Mördergruppen, wenn wir ihnen, in ihren wohlversorgten Kübelwagen sitzend, begegneten, auch sofort erschossen. Doch mochten wir uns nicht in gleicher Weise schuldig machen.

Um Hans-Jürgen machte ich mir große Sorgen. Ihn hatte ich mit seinem Kleinkrad losgeschickt, Verbindung zum Bataillon oder zur Nachbarkompanie aufzunehmen. Allerdings hatte ich ihm Marschbefehl und Auftrag mitgegeben, jedoch nur formlos, weil wir weder Formulare noch Stempel hatten. Diese Standgerichte mordeten ja wohl im Blutrausch; in flagranti hätten wir diese Gangster vielleicht doch umgebracht. Wir hatten seit Tagen nichts von Hans-Jürgen gehört und konnten uns nur mit der Tatsache beruhigen, daß er als Ordonnanz sich bereits als mit allen Wassern gewaschen erwiesen hatte.

Wir folgten nun meinem Rechtsdrall nach Norden, wo wir unser Bataillon vermuteten. Es trieb mich aber auch nach Greifswald zu meiner Frau, weil ich mir einbildete, daß sie bei meinen Kompaniemädeln auf dem weiteren Marsch nach Westen am sichersten aufgehoben sei.

Ja, unsere Mädel! Von ihnen bemerkte ich in all dem Kriegsgeschehen fast nichts, und wenn, dann nur Gutes. Sie versorgten die Leichtverwundeten und die Fußkranken. Sie zauberten aus gelegentlich requirierten Lebensmitteln in den kurzen Pausen kleine Mahlzeiten, die uns wieder kräftigten. Sie fuhren im Wechsel mit den oben erwähnten Blessierten auf einer alten Kutsche. Sie haben unter den Gewaltmärschen mehr gelitten als wir Jungen und Männer. Wir marschierten ja nachts stets so lange, bis die Schwächsten umfielen oder bis niemand mehr die Hand vor Augen sehen konnte. Dann wurde bis zum ersten Morgengrauen geschlafen und wieder weitermarschiert, bis der Gegner uns eingeholt hatte, also in Sichtweite kam. Den hielten wir uns dann mit den geschilderten Tricks in immer neuen Variationen vom Leibe, bis es wieder Abend wurde. So hatten die Fußkranken bald nicht nur Wasser von den geplatzten Blasen, sondern auch Blut in den Stiefeln.

Aus meinem Kurs auf Greifswald und aus der Verfolgung meines Rechtsdralls wurde aber leider nichts, weil uns stets starke und schnellere russische Kräfte die Durchbruchmöglichkeit in nördliche Richtung nahmen. Wir wurden immer wieder nach Westen in Richtung Neustrelitz abgedrängt.

Hier stießen wir auf ein Nachschublager, das von einigen Zahlmeistern eifersüchtig gehütet, aber zur Vernichtung durch Feuer vorbereitet wurde. Dieses Paradoxon paßte uns gar nicht. Mein Allmacht-Ausweis und meine Drohung, sie der kämpfenden Truppe einzuverleiben, beeindruckte die Herren dermaßen, daß sie uns mit allem Gewünschten versorgten. Das war nicht viel; nur das, was wir außer dem Wichtigsten, unseren Waffen, leicht tragen konnten: Verpflegung, Munition und einige notwendige Ausrüstungsstücke. Bald nach unserem Aufbruch aus dem Riesenlager hüllte uns der Ostwind in dicken Qualm mit den unmöglichsten Gerüchen: Die Zahlmeister brannten das Nachschublager ab. Wieviel Landsern und Truppenteilen sie wohl die Versorgung verweigert hatten, nur weil diese nicht die erforderlichen Papiere vorweisen konnten. Bürokratismus in seiner schlimmsten Form, sollte man meinen. Doch gab es noch weit Schlimmeres. Natürlich durften die gewaltigen, sinnlos gehorteten Vorräte nicht unseren Verfolgern in die Hände fallen; doch hätten sie, rechtzeitig verteilt, vielen Menschen das Überleben erleichtern können.

Wieder säumten Erhängte unsere Straßen. Wir trafen sogar ihre Mörder, nur hielten sich die bei uns nie auf. Wenn sie unseren „Wachdienst" in Stellung sahen, grüßten sie sogar im Vorbeifahren. Papiere verlangten sie nie. Vielleicht zu ihrem Glück.

Eine weitere Begegnung meine ich schildern zu müssen: Wir waren die halbe Nacht und den Vormittag marschiert und hielten Ausschau nach geeigneten Stellungen, weil die verfolgenden Russen schon zu hören waren und jeden Moment am Horizont auftauchen konnten. Da kam uns ein einsamer Hauptmann, Ritterkreuzträger, Pistole in der Hand, zu Fuß entgegen. Er hatte Befehl von seinem Divisions-General, fliehende Truppen anzuhalten und zum Kampf zu zwingen. Als ich ihm anhand meines Super-Ausweises bedeutete, daß ich die gleiche Befugnis hatte, grüßte er nur und marschierte wortlos weiter, obwohl wir ihn eingehend unterrichtet hatten, daß hinter uns nur noch der Russe war. Wie eine Vision verschwand er schließlich im flimmernden Gegenlicht. Ein Thermopylae–Spartaner oder ein Nibelungen-Fan vielleicht? Bald wird man wohl darüber lächeln. Mich hat er beeindruckt. Am liebsten

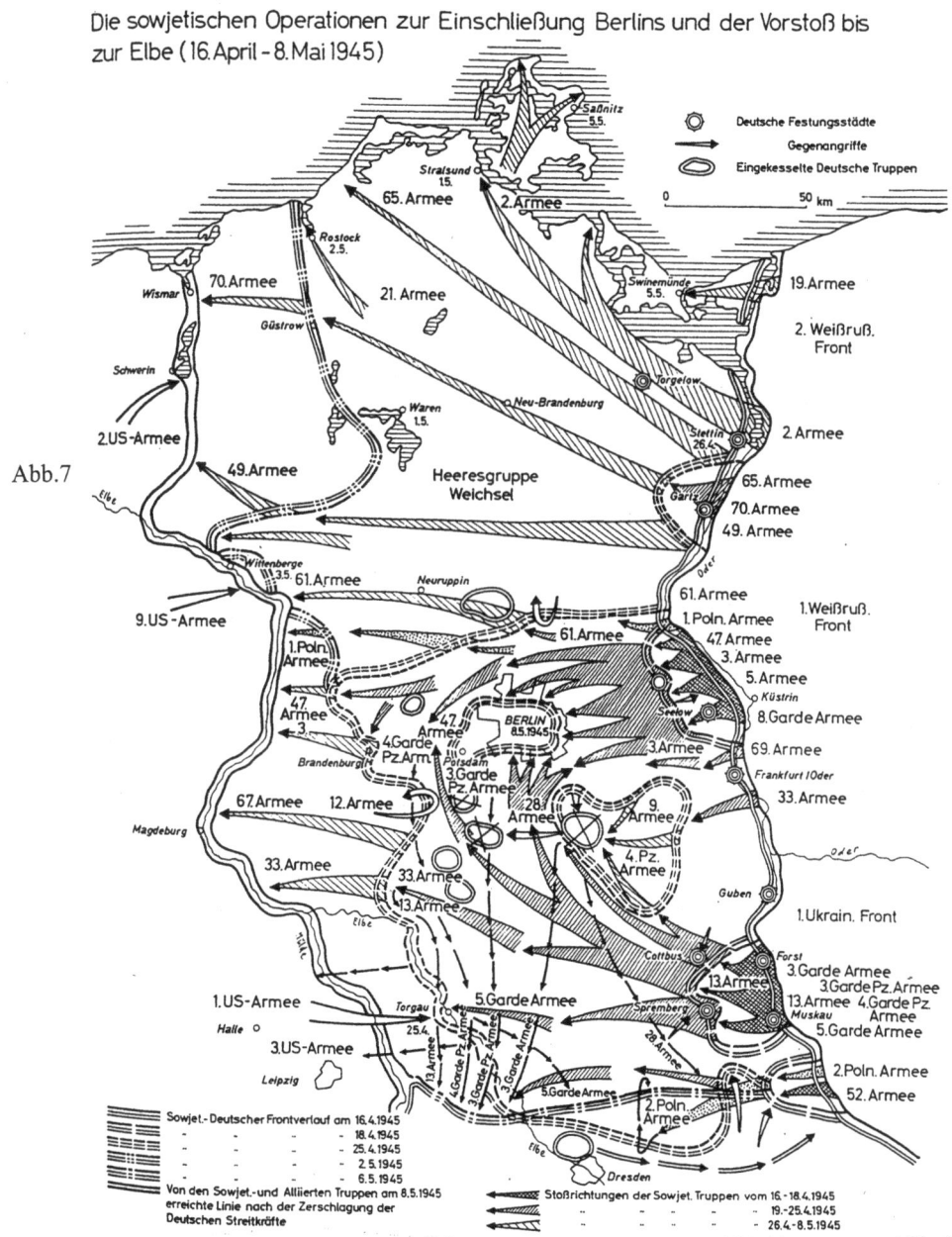

Die sowjetischen Operationen zur Einschließung Berlins und der Vorstoß bis zur Elbe (16. April – 8. Mai 1945)

Abb. 7

wäre ich damals mit ihm gegangen, aber - „meine" Mädel und Jungen! Was würde dann mit denen geschehen?

Hinter Neustrelitz, von wo aus wir wieder versuchten, nach Norden durchzubrechen, kamen wir bald in mein früheres Unterbanngebiet um Penzlin. Ab hier über Waren hinaus bis hinter Malchow kannte ich fast alle Wege und Stege; denn ich war dort auch beruflich viel mit dem Motorrad unterwegs gewesen. Leider stießen wir auch hier wieder auf stärkere Feindkräfte, so daß es zwangsläufig nach Nordwesten in Richtung Waren weiterging. Dort war nachts Feuerschein zu sehen.

Aus neueren Veröffentlichungen weiß ich jetzt, daß wir uns zu unserem Glück zwischen den beiden russischen Stoßkeilen befanden, von denen einer zur Elbe nördlich von Wittenberge und der andere über Neubrandenburg und Güstrow auf Wismar zu gerichtet war. Deshalb hatte ich mich auch immer gewundert, daß der Gegner uns mit nur schwachen Kräften zögernd verfolgte und daß eigene fliehende Truppenteile unseren Weg von Süd nach Nord und von Nord nach Süd kreuzten.

Auch Waren wurde umkämpft, wie wir bei Annäherung feststellten, als wir diese meine Heimatstadt in Richtung Falkenhagen umgingen.

Den Rest der Nacht rasteten wir in den Warener Buchen, einem großen, hochgelegenen Laubwald zwischen Falkenhagen, Vielist und Warenshof, unserem Dorf, in dem ich Kindheit und Jugend verlebt hatte. Wegen der großen Zahl unserer schwer Fußkranken, Kranken, Leichtverwundeten und Erschöpften dehnte sich die Rast bis in die Vormittagsstunden aus. Ich hätte unser Haus mit dem Feldstecher vielleicht erkennen können, wenn es nicht an mehreren Stellen im Dorf unter starker Rauchentwicklung gebrannt hätte. Auch in Warenshof, besonders im dortigen Marinelager, wurde gekämpft. Pausenloses Schützenfeuer war zu hören, Granatwerfereinschläge deckten das ganze Dorf ab. Während ich noch schwankte, ob ich mit einigen Freiwilligen versuchen sollte, mich bis zu unserem Vaterhaus etwa

3 km durchzukämpfen und mich um vielleicht dort verbliebene Angehörige zu kümmern, obwohl die Erfolgsaussicht so gut wie hoffnungslos war, brach meine Truppe schon in westliche Richtung auf. So war ich der Entscheidung enthoben; denn meine Zugführer erklärten mir, daß sie sich mit der desolaten Kompanie nicht mehr in einen freiwilligen Kampf führen lassen würden. Diesem Argument konnte ich mich nun wirklich nicht verschließen. Es war wiederum ein wenig erste Demokratie in Erscheinung getreten. Wie gut für mich! Denn wenn mir der Durchbruch geglückt wäre, hätte ich in unserem Hause nur brennende Trümmer sowie die 9 Leichen meiner Angehörigen gefunden, wie ich später erfuhr.

Auf der Höhe von Güstrow begegneten wir einer Kompanie, deren Chef seinen Mannen hoch zu Roß voranritt. Er kam auf mich zu und meldete: „Leutnant Tolzien mit Volkssturmkompanie auf dem Weg in die Stellung". Ich glaubte meinen Augen nicht zu trauen: Einer unserer beliebtesten Mitschüler, aber auch einer der ältesten (er soll ab Tertia alle Klassen 2 mal gemacht haben) stand nach 14 Jahren plötzlich vor mir. Er hatte mich aufgrund meiner 4 Sterne und Balken wohl für ein höheres Tier gehalten, aus welchem Grunde ich tatsächlich den Flieger-HJ-Rock trug: Es verhandelte sich darin meist leichter als im Leutnantsrock. Wir gaben unserer Wiedersehensfreude natürlich lebhaften Ausdruck. Ich versicherte auch ihm wieder, daß hinter uns nichts mehr käme außer den Russen. Er aber glaubte durchaus, eine der überall vom RAD und der HJ ausgehobenen Stellungen besetzen zu müssen.

Wie er mir wiederum 14 Jahre später beim ersten Altschülertreffen erzählte, sind ihm seine Volkssturm-Opas, die unsere Unterhaltung mitgehört hatten, wenige Stunden später peu a peu nachts weggelaufen. Verdünnisieren nannte man das jetzt. Es war auch nicht mehr so gefährlich, weil SS und Kettenhunde inzwischen auch getürmt waren. Die hatten ja Funkgeräte und wußten, was geschehen war.

Der Kampfwille meiner Kompanie war nun auch langsam den Schmerzen und dem Hunger gewichen. Sie war unterdes wieder westwärts weitergezogen, und ich trabte hinterher. Nach etlichen Kilometern stießen wir auf eine Batterie Feldhaubitzen, die offenbar im Aufbruch war, deren Geschütze aber verlassen in ihren Stellungen standen. Man gab uns etwas Verpflegung und erzählte uns von der Rundfunkmeldung, die besagte, daß Hitler tot sei und Dönitz zu seinem Nachfolger bestimmt habe. Jetzt erst fiel auch uns die allgemeine Stille auf: Kein Gefechtslärm, kein Flugbetrieb.

Wir zogen weiter westwärts in englische Gefangenschaft, wie wir hofften. Zu den Russen wollte nach wie vor niemand; denen hatten wir zu böse mitgespielt. Nach dem Nachtbiwak bei einem verlassenen Forsthaus ließ ich morgens meinen Haufen antreten und verkündete meinen Entschluß, den ich die Nacht über mehr „bewacht" als „beschlafen" hatte: Ich enthob die Truppe in eigener Machtvollkommenheit ihres auf den „Führer" geleisteten Eides und erlaubte allen, selbständig weiterzuziehen. Ich warnte aber alle, besonders die Mädel, vor den Gefahren durch bewaffnete Fremdarbeiterhorden, die ja einen Mordshaß auf alle Deutschen hatten. Wir wußten natürlich nicht, wie weit es zu den Gefangenenlagern der Westalliierten war.

Vor der Gefangenschaft hatte ich Freiheitsfanatiker mehr Horror als vor bewaffneten Gegnern. Im Stillen hoffte ich auch, irgendwie und -wo durch die Maschen schlüpfen und frei bleiben zu können. Ich hatte ja auch nie jemand eingesperrt. Das Gros der Truppe und die Mädchen mit ihrer Kutsche folgten mir jedoch weiter, so daß an ein Verdrücken vorerst nicht zu denken war. Andererseits war ich so deprimiert, daß ich dauernd mit meiner Pistole und dem Gedanken an Freitod spielte. Ich hatte nämlich im letzten Biwak meinen Ehering abgezogen und zum Händewaschen auf einen Mauerabsatz am Dorfweiher gelegt. Irgendwer hatte mit seinem Waschzeug dagegen gestoßen, und der Ring war vor unseren Augen im morastigen Wasser versunken. Das, so sagte mir mein Aberglaube, konnte nur ein böses Omen sein: Unser Ehebund schien durch „des Geschickes Mächte" gewaltsam zertrennt. Also hatte ich weder persönliche noch dienstliche Pflichten mehr. Schließlich rang ich mich aber zu dem Entschluß durch, es genau wissen zu wollen, und legte nicht Hand an mich. Das war auch deshalb ganz gut, weil wir mehreren bewaffneten Haufen vagabundierender Fremder begegneten, die wohl nur wegen unserer Geschlossenheit einen Bogen um uns machten.

Als wir uns dem provisorischen Kriegsgefangenenlager Besendorf bei Schwerin bis auf Sichtweite genähert hatten, zerlegte ich meine Maschinenpistole und vergrub die Teile einzeln. Den SS-Super-Allmachtsausweis zerriß ich schweren Herzens und vergrub die Fetzen sehr nachdenklich in der Vorahnung, welches interessante Dokument für spätere Zeiten ich aus persönlichen Sicherheitsgründen hier vernichten mußte.

Meine Walther-Pistole übergab ich ungeladen beim Betreten des Lagers nach dem alten Ritus: „Sire, Ihren Degen"! Dieses französische Ritual kannten die Amis zwar kaum, sie durchsuchten mich aber nicht. Den Mädeln konnte ich gerade noch einen Abschiedsgruß zuwinken, als sie kurz vor dem Lagertor abbogen. Die gewitzten Jungen waren plötzlich alle verschwunden. Von ihnen habe ich auch nie wieder etwas gehört. Bei mir war nur der MG-Schütze geblieben. Er war Hamburger und wollte baldmöglichst heim. Ihn habe ich nach der Gefangenschaft noch einmal in Hamburg getroffen."[37]

16

Gleich nach meiner Rückkehr mit den vier BDM-Führerinnen aus dem Vorwerk Karlsberg wurde mir mein Platz in unserer Auffangstellung am Waldrand zugewiesen. Vor mir befand sich ein gut überschaubares Wiesengelände, auf dem nur ganz vereinzelt Bäume standen. Etwa 400 - 500 m dahinter begann ein anderes größeres Waldgebiet. Was sich darin tat, war bei dieser Entfernung nicht erkennbar. Ein Baum in der Mitte der Wiese, genau in meiner Blickrichtung brachte mich auf den Gedanken, als vorgeschobener Beobachter dort Posten zu beziehen. Der Zugführer war einverstanden.

Da hockte ich nun ganz allein mit etwas beklommenem Herzen, aber doch auch mit dem Wissen, daß meine Kameraden ungefähr 200 m aufmerksam hinter mir lagen.

Längere Zeit blieb drüben alles ruhig. Dann trat plötzlich ein Soldat aus dem Wald hervor. Mit ruhigen Schritten steuerte er geradewegs auf meinen Baum zu. Im Näherkommen erkannte ich eine SS-Uniform und dann die Schulterklappen eines SS-Untersturmführers (Leutnants). In den Händen trug er keine Waffe, aber an seinem Koppel eine Pistolentasche.

Ich hielt meine MPi schußbereit und ließ ihn nicht zu nahe herankommen.

„Halt! Stehenbleiben! Wer sind Sie? Woher kommen, wohin wollen Sie?" hörte ich mich sagen. Zugleich erschrak ich erstmals über meine noch nicht vom Stimmbruch betroffene, kindliche Stimme. Daraus sollte mein Gegenüber nicht falsche Schlüsse ziehen. Ich machte ihn deshalb vorsichtshalber gleich noch darauf aufmerksam, daß er nicht nur vor mir, sondern auch vor einer kampfbereiten Kompanie stand.

Er behauptete, zu einer von den Russen aufgeriebenen SS-Einheit zu gehören und als Versprengter Anschluß an eine andere deutsche Einheit zu suchen.

Daraufhin ließ ich ihn passieren, begleitete ihn dabei mit meiner MPi und sah ihn bald danach in unserer Waldrandstellung verschwinden.

Mehr ereignete sich auf dem Gelände vor mir nicht. Aber hinter mir in unserer Waldrandstellung schlugen pausenlos Granatwerfergeschosse ein.

Später, als ich zu meinem Platz in der Stellung zurückgekehrt war, erfuhr ich, daß „mein" SS-Untersturmführer zu unserem Kompanieführer gebracht worden war, als dieser gerade mit drei alten Volkssturmsoldaten sprach, die als Versprengte gleichfalls bei uns Schutz suchten. Einer von ihnen soll, wie man mir sagte, kurz darauf von dem Splitter eines russischen Granatwerfergeschosses an einem Bein schwer verwundet worden sein. Er soll viel Blut verloren, große Schmerzen gehabt und darum gebeten haben, ihn zu erschießen, um sein Leiden zu verkürzen. Ohne zu zögern, soll ihm „mein" SS-Untersturmführer diese Bitte erfüllt haben.

Übrigens blieb das nicht der einzige Verlust, den der russische Granatwerfer uns zufügte, bevor zwei Baumbeobachter von uns dessen Stellung ausmachen und die von dort ausgehende Gefahr mit einem Scharfschützengewehr beseitigen konnten.

Der von meinen nächsten Nachbarn und mir zu kontrollierende schmale Frontabschnitt blieb auch weiterhin ruhig. Dafür erlebten wir nach Einbruch der Dunkelheit eine Überraschung von ganz anderer Art. Zwischen den Bäumen flatterte plötzlich viel Papier auf uns herab. Es waren Flugblätter. Staunend griffen wir danach. Auf der vorderen Seite sahen wir Paßbilder von deutschen Generälen und höheren Offizieren, die in russische Gefangenschaft geraten waren; alle im Schmuck ihrer Orden und Ehrenzeichen; auf der Rückseite lasen wir eine von diesen Offizieren unterschriebene Aufforderung zum Überlaufen. Da wir damals nicht wußten, daß eine Gruppe deutscher Kriegsgefangener in der Sowjetunion das „Nationalkomitee Freies Deutschland" gegründet hatte, hielten wir diese Flugblätter für Lügenpropaganda und warfen sie wieder fort. Daß sich auch nur einer von uns ein Exemplar „für den Notfall" in die Tasche gesteckt hat, ist für mich undenkbar.

Abgeworfen wurden diese Flugblätter von klapprigen russischen Flugzeugen, die durch Eisen- oder Stahlplatten gegen Infanteriegeschosse von unten gut abgesichert waren. Die Landser nannten diese Maschinen den „Eisernen Gustav" oder auch „Nähmaschine" nach ihrem Fluggeräusch. Mit ausgeschaltetem Motor „segelten" sie in der Nacht lautlos über die deutschen Stellungen hinweg und warfen Flugblätter oder irgendwelche Sprengkörper ab.

Bald danach die zweite Überraschung: Nun wurden wir auch per Lautsprecher zum Überlaufen aufgefordert. Mit einem Flugblatt winkend, sollten wir unbewaffnet, aber mit Kochgeschirr und Eßbesteck desertieren. Zu essen gäbe es bei ihnen genug. Auch eine ordentliche Behandlung wurde uns zugesichert. Ich vermutete diesen deutsch-russischen Propagandatrupp im gegenüberliegenden Wald; mein Kamerad Hans Hedemann dagegen behauptet, daß sich der Lautsprecher in einer über uns hinwegsegelnden russischen „Nähmaschine" befand.

Wie auch immer es gewesen sein mag: die Standortfrage ist ohne Bedeutung. Wichtig für uns aber war, daß der Russe unsere Auffangstellung geortet hatte, daß wir uns bei den Kampfhandlungen an den Flügeln Respekt verschaffen und vielen Verwundeten und Versprengten vorerst eine Zuflucht bieten konnten.

Wie aber sollte es am nächsten Tage weitergehen? Das mußte der Stab der Heeresdivision wissen, von dem wir den Befehl hatten, diese Auffangstellung zu bilden und so lange zu halten, bis auch er sich weiter zurückzog. Er befand sich in unserem Blumberger Wald in einer Försterei. Lt. Rossdeutscher schickte deshalb seinen „Adjutanten" Hans-Jürgen Schmeling dorthin, um neue Befehle einzuholen.

Dazu schrieb mir dieser am 16. Dezember 1998 in einem Brief: „Mit mehr Angst als Vaterlandsliebe lief ich durch den nächtlichen Wald. Das Herz klopfte mir bis zum Hals. Die Försterei war leer. Man hatte uns nicht, wie versprochen, benachrichtigt."

Daraufhin gaben wir vor dem Morgengrauen des 26. April 1945 unsere Auffangstellung auf und überquerten auf einem Knüppeldamm das Randowbruch (Sumpfland) und eine Brücke über den gleichnamigen, kleinen Fluß.

Von nun ab ging's zurück, nur noch zurück. Unser weiteres Schicksal hing jetzt einzig und allein von dem Verhalten unseres Kompanieführers ab. Auf seine Erfahrung und Führungskraft kam es nun an.

Die Gesamtsituation in unserem Frontabschnitt an der Oder zwischen Stettin und Gartz in den letzten fünf Tagen nach Beginn der russischen Großoffensive vom 20. April 1945 ist leicht vorstellbar, wenn man folgende Tagesmeldungen der Heeresgruppe Weichsel (OB: Generaloberst Heinrici) an das Oberkommando des Heeres liest:

> „An der Front 3. Pz. Armee scheint sich aus den Übersetzversuchen und Kämpfen des heutigen Tages der erwartete Großangriff zu entwickeln. Nach eineinhalbstündigem Trommelfeuer begann der Feind unter dem Schutz künstlichen Nebels zwischen Schwedt und Stettin anzugreifen. Gegen örtliche Feindbrückenköpfe nördlich Gartz und südlich der Autobahn sind erfolgreiche Gegenangriffe im Gange."[38]
> (Tagesmeldung vom 20.4.1945, Hitlers letztem Geburtstag.)

> „Am Nachmittag gelang es überlegenen Feindkräften, einen durchlaufenden 20 Kilometer breiten, 2-3 Kilometer tiefen Brückenkopf von nördlich Gartz bis zum Südrand von Stettin zu erzwingen."[38]
> (Tagesmeldung vom 22.4.1945 zur Situation am Abend zuvor.)

> „Aus dem Brückenkopf griff Feind die dünne Abwehrfront des XXXXVI. PzKorps mit Schwerpunkt nördlich Gartz an."[38]
> „An der unteren Oder konnte der Gegner unsere Abriegelungsfront bei Gartz durchbrechen und bis zum Randow-Bruch vorstoßen. Infolge Fehlens eigener Reserven ist die Gefahr eines Durchbruchs in den mecklenburgischen Raum in Verbindung mit einem starken Stoß der Russen zwischen Oranienburg und Rathenow gegeben."[38]
> (Tagesmeldung vom 24.4.1945.)

Am späten Abend offenbarte die Tagesmeldung der Heeresgruppe das ganze Ausmaß des Geländegewinns, den die Russen im Laufe des 25. April bei ihrem Vorstoß aus dem Brückenkopf Gartz heraus erzielt hatten:

> „Während Kasekow gegen sieben von Panzern unterstützte Angriffe gehalten werden konnte, ging Wartin ... verloren. Einzelne Panzer und 200 Mann stießen nach Nordwesten in den Brückenkopf Schmölln vor und erreichten

den Ostrand des Randowbruchs südlich der Autobahn. In den Mittagsstunden traten besonders starke Infanteriekräfte an fünf Stellen ... im Raum Battinsthal-Ladenthin an und konnten, durch starkes Artilleriefeuer und ununterbrochen schweren Schlachtfliegereinsatz unterstützt, Einbrüche in Battinsthal, Krackow und südlich Ladenthin erzielen. Feindliche Panzerspitzen konnten bis südwestlich Glasow durchbrechen ... In den Abendstunden gelang es überraschend nach Westen vordringenden Feindkräften, auf dem Westufer des Randowbruches hart südlich Wollin und bei Radewitz örtliche Brückenköpfe zu bilden."[38]
(Tagesmeldung vom 25.4.1945.)

Im Brückenkopf Gartz erzwang die Rote Armee den Durchbruch.
„An der Ostfront der 3. Panzerarmee gelang es zusammengefaßten Teilen des Pz.Ausb.Verbandes Ostsee infolge (seiner) nicht ausreichenden Bewaffnung in der Nacht (zum 26. April) nicht, den ostwärts Bagemühl über den Randow-Bruch vorgedrungenen Feind zurückzuwerfen. Feind konnte vielmehr hier und ostwärts Schmölln Raschbrücken über den schmalen Randow-Graben herstellen und einen neu herangeführten Panzerverband übersetzen. Trotz Vernichtung von 11 Panzern im Raum Schmölln drangen etwa 30 Panzer, die stark abgekämpfte Infanterie durchstoßend, bis Grünow (6 km ostwärts Prenzlau) vor."[38]
(Tagesmeldung vom 26.4.1945.)

Der Blick auf die Karte zeigt deutlich, daß der Schwerpunkt dieser Kämpfe am 25.4. nicht bei uns, sondern nur wenige Kilometer nördlich bei Schmölln zu beiden Seiten der Autobahn lag, wo die Russen sich schnell den Zugang zur Straße nach Prenzlau erkämpften und „unter Einsatz starker Panzer- und Luftstreitkräfte" schon am 27. April in diese Stadt eindrangen.

Als wir in den frühen Morgenstunden des 26. April unseren Rückzug begannen, hatten die Russen uns im Norden also bereits überflügelt. Mit einer großen Marschleistung mußte dieser Rückstand aufgeholt werden. Auch an den folgenden Tagen; denn die Russen überflügelten uns tagsüber auf den Straßen mit ihren Panzern, Motor- und Pferdefahrzeugen immer wieder. Wir dagegen versuchten mit Fußmärschen bis weit in die Nacht hinein auf abgelegenen Feld- und Waldwegen aus der hufeisenförmigen Umklammerung herauszukommen.

17

Am 20. April 1945 hatten sich die Russen zwischen Stettin und Gartz den Übergang über die West-Oder erkämpft und damit ihre Groß-Offensive zur Eroberung von Vorpommern und Mecklenburg begonnen.

Fünf Tage lang tobten erbitterte Kämpfe zwischen der West-Oder und der Auffangstellung Randowbruch. Dann gelang es den Russen am Abend des 25. April, auch sie zu durchstoßen und an der Autobahn bei den Orten Schmölln und Wollin zwei kleine Brückenköpfe auf der Westseite des Randowbruchs zu bilden. Am 26. April - Stettins Schicksalstag - kamen die Sowjets bereits bis auf 6 km an die Stadt Prenzlau heran. In der Nacht vom 26. zum 27. April drangen sie dort ein, und am 27. April stießen sie mit ihrem 3. Garde-Panzerkorps, der „Speerspitze" ihrer 70. Armee, und starken Infanteriekräften tief in das Hinterland vor. Damit war ihnen am 7. Tage nach Beginn der Groß-Offensive in unserem Raum der Operative Durchbruch gelungen.

Von nun an versuchten Generaloberst Heinrici, Befehlshaber der Heeresgruppe Weichsel, und seine Abschnittskommandeure General der Inf. Schack (Chef des XXXII. Korps) und General von Manteuffel (Chef der 3. Pz. Armee) nur noch, durch hinhaltenden Widerstand möglichst vielen Zivilisten und Soldaten das Überschreiten der anglo-amerikanischen Demarkationslinie zu ermöglichen, statt zu einem aussichtslosen Entsatzangriff auf Berlin anzutreten, was Keitel und Jodl forderten. Am 28. April enthoben sie deshalb Heinrici „wegen Ungehorsams" seines Amtes und ernannten Generaloberst Student zu dessen Nachfolger. Da dieser, von Hannover kommend, sein neues Hauptquartier nur noch erreichen, dort aber nicht mehr aktiv werden konnte, führte General von Tippelskirch in den letzten Kriegstagen kommissarisch den Nordabschnitt der Heeresgruppe Weichsel, und zwar weiterhin im Sinne Heinricis.

Schwächere russische Verbände drangen übrigens nur wenige Kilometer südlich von Prenzlau zwischen dem Oberückersee und dem Unterückersee über Seehausen, Potzlow rasch nach Vorpommern und Mecklenburg vor. Das waren unsere Verfolger. Kurz vor ihnen war unsere Kompanie zwischen den beiden Seen nach Westen gezogen. Danach bewegten wir uns zwischen diesen beiden uns auf den Straßen immer wieder überholenden russischen Stoßkeilen in langen Gewaltmärschen westwärts.

Zum Glück war das Wetter gut. Die Sonne schien. Wir schwitzten und hatten ständig Durst. Wo auch immer wir eine Schwengelpumpe entdeckten, tranken wir viel, viel zu viel und füllten unsere Feldflaschen auf. Am nächsten Tage riet uns der Zugführer, nur mäßig zu trinken und zwischendurch irgendetwas zu lutschen, am besten einen Obstkern.

Meistens war uns der Russe direkt auf den Fersen. Das belegt z.B. der eilige Aufbruch in einem Dorf, in dem wir geglaubt hatten, uns eine warme Mahlzeit leisten zu können. Wir mußten weiter, noch bevor die Kartoffeln gar waren. Ebenso wie Lt. Rossdeutscher erinnere ich mich daran noch ganz genau.

*

Selbstverständlich mieden wir nach Möglichkeit Straßen, Dörfer und Städte. Manchmal war das aber nicht möglich.

Eines Tages steckten wir gerade in einem mit Treckwagen und Wehrmachtsfahrzeugen völlig überfüllten Dorf, als plötzlich Jabos (russische Jagdbomber) über uns waren und mit Leuchtspur- und Sprengmunition schossen. Ich warf mich mit einem Sprung zur Seite und lag zufällig unter einer Lafette, deren Geschützrohr kein guter Schutz war. Auf der Straße zerplatzten Geschosse wie Silvester-Knallbonbons. Die Jabos flogen noch einen zweiten Angriff. Das reichte ihnen und uns. Neben mir erhob sich ein

Kamerad, den ein kleiner Splitter an der Nase verletzt hatte. Sie schwoll zusehends an. Deshalb suchte er sofort nach einem Sanitäter.

Nach dem Angriff verließen wir eilig dieses Dorf, in dem nun einige Scheunen brannten, mehrere Menschen und Tiere getroffen, Fahrzeuge und Häuser beschädigt worden waren und in dem jetzt große Aufregung herrschte; denn wo die Jabos auftauchten, war auch die russische Angriffsspitze nicht mehr weit entfernt.

Nie wieder erlebte ich so eindringlich mit, daß Frauen, Kinder und ältere Menschen im Kriege auf der Flucht es um vieles schwerer haben als Soldaten in einer solchen Situation auf dem Rückzug. Das ging mir schon damals durch den Kopf.

*

Ganz genau erinnere ich mich auch an den von Lt. Rossdeutscher beschriebenen „Einkauf" in einem Neustrelitzer Wehrmacht-Nachschublager, dessen Vernichtung die dort verantwortlichen Zahlmeister gerade vorbereiteten. Gegen deren Willen hatte unser Kompanieführer uns dort Einlaß verschafft. Obwohl ich Nichtraucher war, steckte ich mir viele Zigaretten ein, was richtig war, wie sich später noch zeigen wird. Außerdem geriet ich in die Schuhabteilung. Dort paßte sich ein Kamerad gerade wunderbare Offiziersstiefel an, für die er seine Schuhe stehen ließ. Vielleicht wurde ich dadurch gleichfalls zum Schuhtausch verleitet. Beide sollten wir das bald danach bereuen.

Mein Kamerad hatte nicht bedacht, was Eugen Roth einmal so ausgedrückt hat: Leicht ist es, Schuhe einzukaufen; doch schwer, darin herumzulaufen. Bald konnte er nicht mehr in seinen Offiziersstiefeln marschieren. Zum Glück fand er ein intaktes Fahrrad. Das war wenigstens eine vorläufige Lösung. In meiner Erinnerung sehe ich ihn noch immer ganz genau vor mir, wie er „gestiefelt" auf seinem „Drahtesel" neben oder vor unserer Marschkolonne „daherritt".

Bei meinen neuen Schuhen brach schon nach wenigen Kilometern eine Sohle waagerecht von einer Seite zur anderen bis zur Brandsohle durch. Sie erwiesen sich also als wenig strapazierfähig. Immerhin paßten sie. Ich konnte darin gut marschieren und laufen, und etwa fünf bis sechs Wochen waren sie sogar noch zu gebrauchen.

Sehr wahrscheinlich war es der 29. April, als wir uns in dem Wehrmacht-Nachschublager bedienten, das anschließend in Flammen aufging; denn im Laufe der Nacht zum 30. April zogen sich die letzten deutschen Soldaten kampflos aus der offenen Stadt Neustrelitz zurück; und schon bei Tagesanbruch erschien die Soldateska des Marschalls Rokossowski auf dem Plan. Deren erster Kommandant, Rulenkow, gab die Stadt für einige Tage zur Plünderung frei mit allem, was für sie dazugehörte. Daraufhin schieden 681 Einwohner freiwillig aus dem Leben.[39]

*

Besonders gerne denke ich zurück an eine größere Rast am hellichten Tage auf dem Hof eines verlassenen Gutes zwischen Neustrelitz und Waren.

Ich hatte bis 1942 meine Sommerferien regelmäßig auf den Höfen meiner bäuerlichen Verwandten in Pommern und Westpreußen im Kreis Bütow und in der Weichselniederung verbracht und war dort ein Pferdenarr geworden. Statt mich auf dem Gutshof auszuruhen, zog es mich deshalb in den Pferdestall. Dort stand noch ein gepflegtes Reitpferd. Daneben lagen Zaumzeug und Sattel. Hoffentlich konnte sich damit noch ein Deutscher rechtzeitig davonmachen.

Als ich wieder auf den Gutshof trat, fiel mir ein flacher Kastenwagen mit einer Kutscherbank auf, wie er damals zum Transport von Milchkannen benutzt wurde. Auf einer nahen Koppel entdeckte ich zwei grasende Pferde mit Geschirr. Ich wollte auch sie aus der Nähe betrachten, sie tätscheln und ihnen etwas Brot geben. Aber sie ließen mich nicht an sich heran. Immer, wenn ich nach ihrem Zaumzeug griff, trabten sie davon. Dann sah ich, daß ein Pferd Scheuklappen trug. Ihm näherte ich mich mit

Erfolg von hinten, konnte es dann widerstandslos Richtung Gutshof führen und dabei erstaunt feststellen, daß das zweite Pferd freiwillig folgte. Den Rest der Pause verbrachte ich damit, die Pferde vor den Kastenwagen zu spannen. Was noch fehlte, war eine Zweispännerleine. Vorhanden war nur die für einen Einspänner. Sie ließ sich leicht umfunktionieren. Als die Kompanie weiterzog, hatten wir nun also ein Pferdefahrzeug, und ich saß auf der Kutscherbank mit der Leine in der Hand. Im Nu war das Fahrzeug besetzt und weckte auch bei den anderen den Wunsch, mal aufsitzen zu dürfen. Da ich zu den rüstigen Marschierern gehörte, mußte ich mich bald wieder bei ihnen einreihen und die Leine und meinen Platz auf der Bank einem lahmen Kameraden überlassen.

So kam unsere Kompanie zu dem Gefährt, das Lt. Rossdeutscher in seinen Aufzeichnungen „Kutsche" nennt.

*

Auch mein Zugführer, ein erfahrener Feldwebel, dessen Name mir leider entfallen ist, war ein feiner Kerl. Als Zugmelder hatte ich zu ihm etwas mehr Kontakt als meine Kameraden.

Auf einem langen Tagesmarsch bot er mir einmal an, meine Waffe zu tragen, um mir eine kleine Erleichterung zu verschaffen. Ich erschrak; denn sofort fiel mir folgender Sinnspruch aus einer Geschichtsstunde zum Thema ‚Die Germanen' ein: ‚Von seinen Waffen weichet der Mann nicht einen Fußbreit.' Ihn muß unser Lehrer sehr ausführlich interpretiert haben.

Aber das war nicht der alleinige Grund für meine anfängliche Weigerung. Meine MPi war mir wirklich nicht zu schwer. Mein Zugführer unterschätzte mich. Ich war belastbarer, als ich aussah.

Nachdem er jedoch sein Angebot mehrfach wiederholt hatte, gab ich schließlich widerwillig nach, weil ich den Eindruck hatte, daß es ihm Freude machte, mir einen Gefallen zu tun.

Kaum war die Übergabe erfolgt, kreuzte eine SS-Kompanie unseren Weg, und einer von denen sagte doch tatsächlich: „Seht Euch den kleinen Soldaten an, der nicht einmal seine Waffe selber tragen kann."

Diese unzutreffende Bemerkung muß mich damals sehr getroffen haben. Andernfalls hätte sich diese völlig unwichtige kleine Episode nicht unverlierbar in meinem Gedächtnis festgesetzt.

*

Deutlich in Erinnerung habe ich auch die große Rast in den „Warener Buchen". Dort konnte ich mir sogar die Schuhe ausziehen und die strapazierten Füße in einem kühlen Waldbach erfrischen. Welche Wohltat! Während es hier bei uns im Rücken ausgestellter Wachen friedlich zuging, wurde nur etwa drei Kilometer entfernt in dem Heimatdorf von Lt. Rossdeutscher heftig gekämpft, und dabei kamen alle seine neun Angehörigen um: beide Pflegeeltern, eine Pflegeschwester und sechs Kinder!

*

Weiter ging es am 1. Mai von Waren an der Südspitze des Krakower Sees vorbei in Richtung Goldberg. Es wurde ein besonders langer und für mich aufregender Tagesmarsch, auf dem ich zwei unvergeßliche Erlebnisse hatte.

Wieder marschierten wir bis weit in die Nacht hinein und passierten plötzlich eine bewaffnete RAD-Einheit, die auf einem großen Ackerfeld im Schutze der Dunkelheit eine Schützenstellung aushob. Jeder grub dort gerade sein Schützenloch; und da unter dem dunklen Mutterboden heller Sand oder Lehm war, stand jeder Verteidiger inmitten eines hellen Kreises.

Während ich das herrliche Gefühl auskostete, eine deutsche Verteidigungsstellung hinter mir zu haben, mußte ich zugleich daran denken, daß diese jungen Kämpfer hier wie auf dem Präsentierteller lagen; und ich fragte mich, ob sie wohl auch so erfahrene und besonnene Führer hatten wie wir.

Da die Devise lautete: ,Marschieren, solange es irgend geht', schleppten wir uns noch eine Weile weiter auf nur landwirtschaftlich genutzten Wegen über ausgedehnte Felder, die wohl zu Gütern gehörten. Als wir eine Chaussee erreicht hatten, die wir überqueren mußten, gönnte man uns eine ganz kurze Rast. Der Befehl lautete: Nichts ablegen, weder Waffen, noch Gepäck. Gleich sollte es weitergehen.

Ich lehnte mich am Hang des Chausseegrabens zurück und fiel, total erschöpft, sofort in einen Tiefschlaf.

Als mich der anbrechende Tag weckte, war ich alleine auf weiter Flur. Auch meine Kameraden müssen todmüde gewesen sein. Andernfalls hätten sie mich nicht schlafend zurückgelassen.

Im Bruchteil einer Sekunde war ich hellwach. Jetzt nur keine Panik! Ich zog den Kopf ein und beobachtete aus der Deckung des Chausseegrabens heraus sorgfältig das ganze Gelände ringsum. Erst als ich nichts Verdächtiges ausmachen konnte, brach ich eilig auf. Die Richtung war nicht zu verfehlen. Ich befand mich auf einem Feldweg, der eine der vielen Rückzugsstraßen war. Das verriet, was links und rechts am Wege lag: überflüssiges Gepäck von verschiedener Art, auch „überflüssige" Waffen und vor allem Motorfahrzeuge, für die der Treibstoff ausgegangen war.

Diese Rückzugsstraße führte auf einen Wald zu, in den ich mit einem kleinen Gefühl der Erleichterung eintauchte. Bald danach sah ich ein Gehöft. Ich näherte mich ihm mit äußerster Vorsicht und beobachtete es zunächst aus einem Versteck heraus. Plötzlich erkannte ich Kameraden, die aus einem Wirtschaftsgebäude traten. Sie hatten in dieser von meinem „Schlafplatz" gar nicht weit entfernten Försterei übernachtet. War das ein Gefühl der Erleichterung und Freude, das mich bei ihrem Anblick überkam. Ich meldete mich beim Kompanieführer zurück. Der gestand mir, daß ich ihm noch gar nicht als vermißt gemeldet worden war. Das alles läßt Rückschlüsse auf den damaligen Erschöpfungszustand unserer Kompanie zu.

*

Da wir kein Funkgerät und kein transportables Radio besaßen, nutzte Lt. Rossdeutscher jede Gelegenheit, um wichtige Informationen zu bekommen. Am 2. Mai war es die Begegnung mit Offizieren einer Batterie Feldhaubitzen, die gerade dabei waren, ihre Stellung aufzugeben. Sie konnten ihm mitteilen, daß Hitler in Berlin „im Kampf gefallen" (?) und Großadmiral Dönitz zu seinem Nachfolger bestimmt worden sei. Das hatten sie aus dem Rundfunk erfahren, der am 1. Mai folgende Meldung verbreitete:

> „Rundfunkmeldung über Hitlers Tod
> (Sender Hamburg, 1. Mai 1945, 22.26 Uhr)
> Aus dem Führerhauptquartier wird gemeldet, daß unser Führer Adolf Hitler heute[40] nachmittag in seinem Befehlsstand in der Reichskanzlei, bis zum letzten Atemzug gegen den Bolschewismus kämpfend, für Deutschland gefallen ist. Am 30. April hat der Führer den Großadmiral Dönitz zu seinem Nachfolger ernannt."

Lt. Rossdeutscher behielt diese Information noch bis zum nächsten Tage für sich. Dann stand sein Entschluß fest: Er ließ am Morgen des 3. Mai 1945 seine Kompanie in der Nähe von Goldberg ein letztes Mal antreten, teilte uns den „Heldentod" des Führers mit, enthob uns in eigener Machtvollkommenheit unseres auf Hitler geleisteten Eides, löste die Kompanie auf und riet uns, in kleinen Gruppen zu versuchen, in englische oder amerikanische Gefangenschaft zu gelangen.

Während das Gros der Kompanie und die vier BDM-Führerinnen ihm auch weiterhin folgten und in Besenfeld bei Schwerin beim Amerikaner die Demarkationslinie überschritten, zogen Klaus-Ulrich Leistikow und ich zu zweit weiter und gerieten dabei auf einen anderen Kurs.

Abb.8

Quelle: Wilhelm Tieke, Das Ende zwischen Oder und Elbe
Der Kampf um Berlin 1945

18

Bei unserem Weitermarsch zu zweit kamen wir an einem zerschossenen Wehrmacht-Lkw vorbei, dessen Ladung verstreut herumlag. Eine nagelneue Kiste, von der man den Deckel entfernt hatte, zog unsere Blicke auf sich wie ein Magnet. Sie war randvoll gefüllt mit Eisernen Kreuzen, die in der Sonne blinkten. Da die Kiste eine Schräglage hatte, war ein Teil davon rausgerutscht in den Staub und Schmutz der Straße.

Auch dieses Bild hat sich mir unauslöschlich eingeprägt. Im Laufe der Jahre legte ich ihm Symbolwert bei. Aber auch damals schon war mir bewußt, daß es nun endgültig vorbei war mit dem Dritten Reich: seinen Tapferkeitsauszeichnungen, Fahnen, Ehrenzeichen aller Art und mit seiner Weltanschauung, für die man uns im Jungvolk, in der HJ und auch in der Schule derart erfolgreich programmiert hatte, daß wir uns noch zwei Monate zuvor freiwillig zu ihrer Verteidigung bereit erklärten.

Noch wußten wir natürlich nicht, wie sehr man den deutschen Soldaten und das deutsche Volk bis zuletzt belogen und verraten hatte und in welchem Maße feige und jämmerlich ein großer Teil der Führungsspitze sein Leben zu retten versuchte oder sich durch Selbstmord daraus davonstahl: z.B. Hitler, Göring, Goebbels, Himmler, Bormann, unser ehemaliger Gauleiter Schwede-Coburg, der berühmt-berüchtigte GFM Schörner u.v.a.

Wir ahnten, daß unsere Welt Anfang Mai 1945 endgültig zusammenbrach, und wir wußten, daß es für uns in dieser Situation zunächst einzig und allein darauf ankam, die eigene Haut zu retten, d.h.: wir mußten die anglo-amerikanische Demarkationslinie erreichen und auf diese Weise der russischen Kriegsgefangenschaft entgehen.

Lange blieben wir an diesem Tage - es war der 3. Mai 1945 - nicht allein. Wir stießen auf eine motorisierte größere Einheit des Heeres, die uns aufnahm und uns wieder ein trügerisches Gefühl der Sicherheit vermittelte.

Zum Verständnis des Folgenden ist es unerläßlich, die damalige militärische und politische Lage an der Demarkationslinie Wismar - Bad Kleinen - Schwerin - Dömitz an der Elbe zu kennen. Ich zitiere deshalb hier Oberst i.G. Ludendorff, den Ia der 3. Pz. Armee des Generals von Manteuffel:

„... Der am 20. April auch in unserem Armee-Abschnitt mit einer überwältigenden Überlegenheit an Menschen und Material zu Lande und in der Luft begonnene sowjetische Großangriff führte schon bald zum Zusammenbruch unserer Verteidigung an der Oder. Daraufhin gab es für unsere Armee (Oberbefehlshaber seit Mitte März der sehr hoch dekorierte schwungvolle General der Panzertruppe v. Manteuffel [Jahrgang 1897], Chef des Generalstabes Generalmajor Müller-Hillebrand) nur noch eine Möglichkeit, nämlich kämpfend nach Westen auszuweichen.

Im Rahmen der Rückzugskämpfe durch Mecklenburg in Richtung Schleswig-Holstein, bei denen es den sowjetischen Armeen trotz mancher tiefen Vorstöße nicht gelang, wesentliche Teile einzuschließen, bezog die Führungsabteilung PzAOK 3 (Panzer Armee Oberkommando) am 1. Mai in der Ortschaft Plate (10 km südostwärts Schwerin/Mecklenburg) ihren Gefechtsstand. Als ich am nächsten Morgen, d.h. am 2. Mai, mit dem mit mir befreundeten Ia unseres vorgesetzten Oberkommandos der Heeresgruppe Weichsel, meinem Jahrgangskameraden Oberst i. G. Eismann, telefonierte, teilte er mir mitten im Gespräch plötzlich mit, an der Schule, in der er sich aufhalte, führen soeben alliierte Panzer vorbei, und damit wäre wohl offensichtlich für ihn, seinen Stab, der Krieg zu Ende.

Nun war klar, daß die britischen und amerikanischen Verbände Feldmarschall Montgomerys, die bereits am 30.4. und 1.5. an einigen Stellen oberhalb Hamburgs zunächst nur mit Teilen über die Elbe gesetzt waren , ihren Vorstoß nach Nordosten, d.h. westliches Mecklenburg, mit starken Kräften aufgenommen hatten, wir also bei unserem weiteren Ausweichen nach Westen unweigerlich auf sie stoßen würden. In dieser Situation kam für alle die Teile unserer Armee, die nicht mehr in den Kampf mit den von Osten scharf nachdrängenden sowjetischen Angriffsspitzen verwickelt waren, nur eine Waffenstreckung bei den Anglo-Amerikanern in Betracht.

So fuhr am Vormittag unser Armeechef, Generalmajor Müller-Hillebrand, mit Vollmachten des Armee-Oberbefehlshabers, General v. Manteuffel, zur Verbindungsaufnahme mit hohen alliierten Stellen los, um dort über eine eventuelle Kapitulation zu verhandeln. Im Laufe des Spätnachmittags kam er wieder zurück und teilte mit, daß man ihm erklärt habe, gegenüber den Westalliierten allein wäre eine Kapitulation gänzlich ausgeschlossen, daß man aber alle Soldaten - nach Niederlegen ihrer Waffen - von dem Augenblick an als Kriegsgefangene annehmen und betrachten würde (obgleich man sich ja überhaupt nicht im Kampf gegenübergestanden habe), an dem sie das von den Truppen Montgomerys besetzte Gebiet westlich der Linie Ostsee bei Wismar - Schwerin/Mecklenburg - Dömitz a.d. Elbe betreten würden.

Diese Lageorientierung wurde unverzüglich an alle uns unterstellten und erreichbaren Korps und Divisionen durchgegeben."[41]

Auch Lt. Rossdeutscher muß sie erfahren haben, vielleicht von den Offizieren der Feldhaubitzen-Batterie.

Zur Erinnerung: An den ersten fünf Tagen der Großoffensive der Sowjets zwischen Stettin und Gartz an der Oder hatte unsere HJ-Kompanie auf Befehl eines Divisionsstabes dieser 3. Pz. Armee östlich des Randowbruches bei Karlsberg eine Auffangstellung gebildet und diese im Morgengrauen des 26. April als Letzte erst verlassen, als den Russen nur wenige Kilometer nördlich von uns von Schmölln aus in Richtung Prenzlau der Operative Durchbruch nach Vorpommern und Mecklenburg gelungen war. Wir betrachteten und fühlten uns deshalb als Teil dieser 3. Pz. Armee, obwohl wir keine Wehrmachtsoldaten waren, sondern als HJ-Volkssturmkompanie offiziell dem HJ-Gebietsführer, dem Gauleiter u. Reichsverteidigungskommissar Schwede-Coburg, seinem Stellvertreter Stabsleiter Simon und dem Reichsleiter Bormann unterstanden. Ein im Auftrage von Reichsführer SS Himmler von SS Obergruppenführer Gottlob Berger für Lt. Rossdeutscher ausgestellter Sonderausweis hatte unsere HJ-Kompanie völlig unabhängig gemacht; denn sie sollte ja - laut Befehlsausgabe vom 19. April 1945 - hinter den russischen Linien als „Werwölfe" zurückbleiben und Sabotageakte verüben. Daß unser Kompanieführer diesen Wahnsinnsbefehl unserer Parteioberen mißachtete, die sich übrigens alle rechtzeitig über Greifswald, Stralsund, Saßnitz, Kopenhagen in Sicherheit brachten, und statt dessen den vernünftigen Befehl eines Heeres-Divisionsstabes ausführte, zeigt, wie besonnen und eigenverantwortlich er zu handeln verstand.

Zu gerne hätte Marschall Rokossowski die 3. Pz. Armee eingekesselt und vernichtet. Das war ihm aber bis zum 2. Mai nicht gelungen. An diesem Tage erreichte die britisch-kanadische 21. Heeresgruppe unter dem Oberbefehl des Feldmarschalls Montgomery, an seinem rechten Flügel unterstützt durch das amerikanische XVIII. Armeekorps, die von Wismar über Bad Kleinen, Schwerin, Dömitz a.d. Elbe verlaufende Demarkationslinie, an die die Russen am 2. Mai bis auf etwa 20 - 30 km herangekommen waren. In Wismar hatten sich die beiden Angriffsspitzen sogar schon um 21 Uhr getroffen. Einen Tag später vereinigten sich Russen und Amerikaner südlich des Schweriner Sees bei Grabow.

Auf Grund der Beschlüsse von Jalta hätte die 3. Pz. Armee in dieser hoffnungslosen Situation am 3. Mai bedingungslos kapitulieren und geschlossen in russische Gefangenschaft gehen müssen. Aus der Feder von Oberst i. G. Ludendorff haben wir erfahren, wie dieses Schicksal buchstäblich in letzter Minute noch abgewendet werden konnte.

19

Meine ganz persönlichen Erinnerungen an die Jahre 1945 - 48 bewahre ich in meinem Gedächtnis auf wie eine große Filmrolle, deren Streifen allerdings zu mehr als 90% „unbelichtet" ist. Was für mich damals nicht von Bedeutung war, habe ich total verdrängt und vergessen: unsere Verpflegung, Unterkunft, das unspektakuläre tägliche Einerlei des Dienstes. Gut „belichtet" sind dagegen die Bilder und Vorgänge, die eine emotionale Komponente haben und mich betroffen machten.

Wie Klaus und ich auf die besagte Einheit des Heeres stießen und von ihr aufgenommen wurden, weiß ich z.B. nicht mehr. Aber an das gemeinsame Waffenreinigen in einer Scheune im Heu erinnere ich mich noch ganz genau; denn als ich mit meiner MPi fertig war, entfuhr mir die törichte Bemerkung: „So, nun können die Russen kommen." - Ein Landser antwortete mir sofort mit den Worten: „Jung', wünsch' Dir das bloß nicht. Wir sollten alle froh sein, wenn es zu keiner Kampfhandlung mehr kommt." Ich wurde rot bis über beide Ohren und schwieg beschämt. Deshalb kann ich diese kleine, unbedeutende Episode auch nicht vergessen.

*

Das nächste „belichtete Bild" zeigt mich auf einem Mannschafts-Lkw des Heeres. Es muß am 3. Mai 1945 gewesen sein. Ich saß auf dem letzten Platz der Bank an der rückwärtigen Klappe des Autos. Wir fuhren in einer großen Kolonne. Hin und wieder passierten uns in beiden Fahrtrichtungen Kübelwagen mit Offizieren. Sie wußten wahrscheinlich schon, wohin unsere Reise ging. Viel Bewegungsfreiheit gab es am 3. Mai in dem beschriebenen schmalen deutschen Streifen zwischen den Anglo-Amerikanern und den Russen ohnehin nicht mehr. Angriffen von Jabos aus der Luft waren wir nicht ausgesetzt.

Plötzlich ein Stau. Die Lkws hielten, fuhren ein paar Meter, hielten wieder. Was war geschehen? Ich schob die hintere Plane des Verdecks zur Seite, schaute nach vorne und sah - welche Freude! - englische Soldaten! Unsere gesamte, größere Einheit des Heeres war also zielgerichtet in engl. Gefangenschaft gefahren, wie es Generalmajor Müller-Hillebrand, der Stabschef der 3. Pz. Armee, und General von Tippelskirch, der Oberbefehlshaber der 21. Armee, mit den Briten und Amerikanern in unserem Abschnitt vereinbart hatten. 250000 bis 300000 deutsche Soldaten waren auf diese Weise den Russen hier im letzten Augenblick noch entwischt. Das hätte Ärger unter den drei Siegermächten geben können; denn dies war ein Verstoß gegen die Abmachung von Jalta. Außerdem brauchte die Sowjetunion möglichst viele Gefangene für den Wiederaufbau des zerstörten Landes.

*

Nächstes Bild: Klaus und ich sitzen in einer Viehkoppel inmitten vieler Gefangener auf dem Boden. Das Wetter ist noch immer sonnig-schön, was in vielen Erlebnisberichten zu diesen letzten Kriegstagen ausdrücklich erwähnt wird. Wir mußten uns wenigstens nicht im strömenden Regen im Freien aufhalten.

Gerüchte kursierten. Die einen rechneten fest mit der Übergabe aller Gefangenen an die Russen, die anderen widersprachen heftig. Dann hörten wir Schützenfeuer: Maschinengewehre und Handfeuerwaffen. Die Briten hatten die Demarkationslinie hier ja schon erreicht. Nun kamen die Russen heran; und das ging nicht ganz ohne Schießerei ab.

Die erste Begegnung zwischen den beiden Siegermächten erlebten wir nicht mehr mit. Bevor es dazu kam, hatten uns die Briten schon ins Hinterland geschafft.

In einer großen Marschkolonne führten sie uns zunächst durch Bad Kleinen. Auf beiden Bürgersteigen standen bewaffnete englische Soldaten, an denen wir vorbeizogen. Ich ging rechts in einer Außenreihe. Plötzlich sprang ein Engländer auf mich zu und klopfte im Gehen meine Uniform ab. Sollte ich wirklich immer noch gefährlich ausgesehen haben? Ob er in meiner Fallschirmjägerhose wohl immer noch eine Eierhandgranate oder Pistole vermutete?

Am Westrand der Stadt lösten die Briten die große Marschkolonne auf. Klaus und ich fanden uns wieder in einer etwa zwölf Mann starken Gruppe, die ein deutscher Unteroffizier nach Gadebusch in das dortige Gefangenenlager führen sollte. Englische Bewacher standen für die unerwartet vielen Gefangenen in ausreichender Zahl nicht zur Verfügung.

So erreichten wir am nächsten Tage Gadebusch. Vor den Toren dieses Städtchens legten wir eine letzte gemeinsame Rast ein. Einheimische fragten wir nach dem Lager und erfuhren, daß die Versorgung der vielen Gefangenen den Engländern sehr große Schwierigkeiten bereitete. Folge: Ständig Hunger und Durst.

Das war für Klaus und mich Grund genug, unseren Gefangenenstatus eigenmächtig aufzugeben. Wir zogen die Uniformjacken aus und ließen sie liegen, verabschiedeten uns von den Kameraden und betraten die Stadt als Zivilisten.

Neugierig suchten wir zuerst das Gefangenenlager auf. An dessen Tor probierten wir bei den beiden Wachen unser Schulenglisch aus. Nebenbei bekamen wir mit, daß man uns über die Situation im Lager richtig informiert hatte. Deshalb marschierten wir erst einmal weiter Richtung Westen auf der Straße, die von Gadebusch nach Ratzeburg führt.

*

Frau Jutta Rüdiger, seit 1935 hauptamtliche Mädelführerin und von 1937 - 1945 Reichsreferentin für den Bund Deutscher Mädel (BDM) beim Reichsjugendführer, schreibt in ihrem aufschlußreichen Buch ‚Die Hitler-Jugend. Selbstverständnis und Aufgabengebiete‘:

„Als Ende des Jahres 1944 der >*Volkssturm*< aufgerufen wurde - betroffen war der Jahrgang 1928, im Jahr 1945 der Jahrgang 1929 - gelang es der Reichsjugendführung, die Wehrertüchtigungslager der Hitler-Jugend zum „III. Aufgebot" erklären zu lassen, mit dem Auftrag, diese nicht einzusetzen, sondern bei Vordringen des Feindes zurückzunehmen, um sie als noch auszubildende Rekruten der Wehrmacht zu erhalten.

Die >*Panzervernichtungs*-Einheiten< der Hitler-Jugend bestanden aus >Freiwilligen< der Wehrertüchtigungslager, standen jedoch nicht mehr in Verbindung mit diesen. Diese Einheiten hatten den Auftrag, die in ihrer Heimat in das Hinterland eingesickerten feindlichen Panzer mit der Panzerfaust zu vernichten.

Erst im Februar 1945, als der Feind immer tiefer in das Reichsgebiet eindrang, erfolgte seitens der Reichsjugendführung die überörtliche Aufstellung der 1. Panzervernichtungsbrigade der Hitler-Jugend, die im Kampf um Berlin zum Einsatz kam.
>*Grundsätzlich war der Einsatz in der Hauptkampflinie und die infanteristische Verwendung untersagt; bei schneller Entwicklung der Lage war diese Einhaltung nicht immer möglich.*< (Studie >Zum kombattanten Kriegseinsatz der Hitler-Jugend - wehrgeschichtliche Bearbeitung< - Horst Voigt, Major d.R. (Bw.), Hannover.)

Durch den Zusammenbruch der Fronten sind die Panzervernichtungsbrigade und einige Einheiten des Volkssturms III. Aufgebot in das Kampfgeschehen einbezogen worden. Oft haben sich Jüngere heimlich eingereiht. Wenn sie aber von HJ-Führern entdeckt wurden, schickten diese sie nach Hause, mit dem Auftrag, ihre Mutter zu schützen. (Aussage Otto Würschinger nach H. Taege aaO. S. 119)

Die sie anführenden HJ-Führer, die alle Offiziere waren, glaubten, daß der Einsatz - so schwer ihnen die Entscheidung fiel - gerechtfertigt sei durch den angekündigten Einsatz *neuartiger* Waffen, der die vollkommene Änderung der militärischen Lage *zugunsten* Deutschlands bewirken würde, was ihnen mehrfach versichert und >*Ende April 1945 noch in einem Befehl der 9. Armee oder des 50. Korps mit 3 Tagen beziffert wurde*<. (Aussage: Dr. E. Schlünder, Hauptamtschef der Reichsjugendführung und Kampfkommandant an der Pichelsdorfer Brücke in Berlin)

Dabei muß festgehalten werden, daß der größte Teil der sich in den Wehrertüchtigungslagern als >Volkssturm III. Aufgebot < befindenden Jungen - aus den 42 Gebieten - von ihren Führern lt. Mob-Befehl vor dem anrückenden Feind >zurückgeführt< werden konnte.

Die Hitler-Jungen der am Kriegsende gebildeten Panzervernichtungsbrigade und Volkssturm-Einheiten, die durch den Zusammenbruch der Fronten zum Einsatz kamen - ob an der „Pichelsdorfer Brücke" zu Berlin, in der Festung zu Breslau, im Kessel von Halbe oder wo sonst immer - haben im wahrsten Sinne des Wortes heldenhaft gekämpft, nicht mehr >singend< wie die Soldaten des 1. Weltkrieges in Langemarck, sondern >*durch die Schreie der vom Feind vergewaltigten Frauen in den Ohren, zutiefst erschüttert*<, (Dr. E. Schlünder) *zäh* und *verbissen*, bis sie von ihren Führern nach Erledigung des militärischen Auftrags als Volkssturm aus ihren Stellungen herausgelöst und durch den feindlichen Einschließungsring herausgeführt wurden.
Dies' waren die letzten Lebensäußerungen der Hitler-Jugend."[42]

Über den BDM-Kriegseinsatz lesen wir in dem Buch von Jutta Rüdiger:

„Die von Reichsleiter *Bormann* - März 1945 - an die Reichsjugendführung herangetragene Forderung zur Bildung von >Frauen-Bataillonen< wurde von der BDM-Reichsreferentin dem Reichsjugendführer *Axmann* gegenüber abgelehnt mit der Begründung, daß es dem *weiblichen* Wesen - allein schon aus biologischer Sicht - widersprechen würde, einen militärischen, offensiven Einsatz mit der Waffe zu führen.

Eine Verteidigung bzw. Feindabwehr - wenngleich nicht ungefährlich - könne im Einsatz z.B. an Meßgeräten bei der Luftwaffe verantwortet werden. Die Mädel seien auch bereit, für ihre Kameraden bis in die vorderste Front Sanitätsdienst, Verpflegung und Versorgung jeglicher Art zu übernehmen.

Abgesehen davon, vertrat die BDM-Reichsreferentin die Ansicht, wenn die deutsche Wehrmacht der Übermacht des Feindes erliegen sollte, daß dieses durch einen kriegerischen Einsatz der *weiblichen* Jugend mit der Waffe nicht verhindert werden könne. Daraufhin wies Axmann sie auf *ihre* Verantwortung hin, die sie aufgrund dieser *eigenen* Entscheidung zu übernehmen habe. -

Als am Kriegsende aus dem Osten Nachrichten über die grausame Behandlung von Frauen durch den Feind durchgesickert waren, wurde den BDM-Führerinnen anheimgestellt, sich im Pistolenschießen ausbilden zu lassen, allerdings nur zum Zweck der *Selbstverteidigung* in äußerster Bedrängnis.

Wenn in den letzten schrecklichen Kämpfen um Berlin oder an anderen Orten das eine oder andere Mädel aus Verzweiflung eine >Panzerfaust< ergriffen hat, war das ihre eigene persönliche Entscheidung, aber niemals ein von der BDM-Führung geplanter Einsatz. - "[42]

20

Weit lag Gadebusch noch nicht zurück, als uns plötzlich ein befreiter Zuchthäusler von der Seite ansprach mit den Worten: „Kameraden, habt Ihr wohl eine Zigarette für mich?"

Diesen Gefallen konnten wir ihm tun; denn mit Zigaretten waren wir zwei Nichtraucher noch immer reichlich versorgt. Wir brachen eine Schachtel auf. Er bediente sich und inhalierte die Zigarette so, wie ich vorher und nachher nie jemand habe rauchen sehen. Von der Kippe konnte er sich gar nicht trennen. Erst als er sich die Fingerkuppen genügend verbrannt hatte, ließ er den winzigkleinen Rest fallen.

„Kameraden, das ist für mich die erste richtige Zigarette seit Jahren. Ihr könnt Euch wahrscheinlich gar nicht vorstellen, was das für mich bedeutet."

Verständlicherweise blieb er an unserer Seite und rauchte und rauchte. Dabei erzählte er, daß er als ostpreußischer Kommunist zu einer hohen Zuchthausstrafe verurteilt worden war und in der Rüstungsindustrie hatte arbeiten müssen. Sein Körperzustand, die Häftlingsglatze und die Zuchthauskleidung machten seine Aussage glaubwürdig.

Übrigens wollte er von uns nicht alle Zigaretten geschenkt haben. Für einige bot er uns als Tauschobjekt Schnürsenkel an, bis auch wir davon mehr als genug hatten.

Bald danach erreichten wir als Trio den Ortseingang des Rittergutes Roggendorf. Dort stand ein britischer Panzer, umringt von mehreren Soldaten, die uns freundlich vorbeiließen. Im Ort erschraken wir. Er war voller Treckwagen und Flüchtlinge. Nur schnell weg, dachten wir, und strebten dem Dorfausgang zu. Auch dort stand ein Panzer, auch dort waren Soldaten, auch sie reagierten freundlich auf unser Schulenglisch; aber vorbei ließen sie uns trotzdem nicht.

Der Grund: Die Anglo-Amerikaner wollten Truppenverschiebungen vornehmen und mußten dafür vorher die Flüchtlinge mit ihren Treckwagen von den Straßen holen. Das gelang ihnen schnell mit Hilfe solcher Auffangdörfer, in die sie alle herein-, aus denen sie aber niemand hinausließen.

Wir waren also wieder einmal unfrei, mußten zurück ins Gedränge und uns in dem bereits überbelegten Ort ein überdachtes Plätzchen suchen.

Das war die große Stunde unseres Zuchthäuslers. Mitten im Ort und in dem Gewimmel drehte er sich langsam um seine eigene Achse, faßte das Umfeld ins Auge und dann sofort den richtigen Entschluß. Weil er nach Art mancher Menschen laut dachte, konnten wir seine Entscheidungsfindung mitverfolgen: Ein Rittergut hat nicht nur ein Herrenhaus, sondern auch Arbeiterhäuser (Katen), zu denen kleine Stallungen für Federvieh und Deputatschweine gehören. Daß bei Kriegsende noch Borstenvieh in den Buchten lebt, ist unwahrscheinlich. Deshalb sind sie für uns möglicherweise ein geeignetes Quartier. Laßt es uns versuchen.

Gleich bei der ersten Arbeiterfamilie hatten wir Glück. Man gab uns frisches Stroh, und schon hatten wir, schneller als gedacht, in einer Schweinebucht ein Dach über dem Kopf und eine warme Schlafstatt.

*

Da wir in Roggendorf nicht arbeiten mußten, blieb viel Zeit für Gespräche. Dabei erwies sich unser neuer Kamerad als ein interessanter Partner. Er hatte geradezu das Bedürfnis, uns über die dunkle Seite des Dritten Reiches aufzuklären, von der wir bis dahin wirklich nichts wußten. Was es laut Goebbels-Propaganda in Stalins Sowjetunion gab: Zwangsarbeiterlager, in denen systematisch die Vernichtung durch Arbeit betrieben wurde, das sollte es wirklich auch im Großdeutschen Reich gegeben haben? Auch Konzentrationslager mit Gaskammern und Verbrennungsöfen? Das konnte und durfte doch nicht wahr sein! Das hätte uns doch nicht verborgen bleiben können! Oder doch?

Zu denken gab uns, was wir im Ort sahen. Unter den hier festgehaltenen Menschen waren auch ehemalige KZ-Insassen. Sie trugen noch immer ihre gestreifte Kleidung, waren körperlich in einer bejammernswerten Verfassung und schienen stumm, aber deutlich sichtbar auszudrücken: Seht her! Das hat man uns angetan!

Rückblickend kann deshalb festgehalten werden: Hier in Roggendorf, im Schweinestall eines mecklenburgischen Gutsarbeiters begann Anfang Mai 1945 mein Bewußtseinswandel, ausgelöst durch die Gespräche mit einem ehemaligen politischen Häftling, einem Regimegegner. Anfangs noch unbewußt veränderte sich langsam mein Verhalten: Aus einem begeisterungsfähigen, gläubigen, verführbaren Jugendlichen wurde nun in zunehmendem Maße ein skeptischer Zeitgenosse.

*

Selbstverständlich waren unsere Gedanken auch immer wieder bei den Angehörigen. Wie hatten sie wohl in Vorpommern die Offensive der Russen erlebt?

Von Frau Leistikow wußten wir, daß sie von Stettin-Podejuch nach Klein Zastrow südlich von Greifswald geflüchtet war, wo Verwandte einen kleinen Bauernhof hatten. Dort wollte sie mit ihrem Sohn Hans-Jürgen das Kriegsende abwarten und keinen Schritt weiter nach Westen tun.

Herr Leistikow war zuletzt Soldat bei der Marine in Saßnitz auf Rügen. Vermutlich hatte er von dort noch auf dem Seewege entkommen können.

Wo aber steckten wohl meine Angehörigen? Hatten sie noch rechtzeitig aus Penkun flüchten können? Hielten sie sich nun auch in Klein Zastrow auf, wie es ihnen Frau

Leistikow am 15./16. April vorgeschlagen hatte? Offene Fragen. Nur so viel war sicher: Unsere Suche nach den Angehörigen mußte in Klein Zastrow beginnen.

Wir sprachen darüber mit dem ostpreußischen Kommunisten. Nach seiner Meinung konnten wir unbesorgt in den von den Russen besetzten Teil Deutschlands hinüberwechseln. Diese Ansicht vertraten auch einige Männer, die den Einmarsch der Russen drüben erlebt hatten und nun auf dem Wege nach Hause gleichfalls vorübergehend in Roggendorf festgehalten wurden. Sie erklärten übereinstimmend, daß Jungen von den Russen nichts zu befürchten hätten, daß sich Mädchen und Frauen bei ihnen aber um Himmels Willen nicht blicken lassen sollten.

Das gab den Ausschlag. Unser zielloses Wandern nach Westen hatte ein Ende. Das überzeugende neue Marschziel lag im Osten und hieß Klein Zastrow bei Greifswald.

21

Die Truppenverschiebungen der Anglo-Amerikaner dauerten nur wenige Tage. Danach gaben sie die Straßen wieder frei für das Heer der Flüchtlinge. Unsere kleine Wohngemeinschaft im Schweinestall eines Gutsarbeiters löste sich auf, und wir nahmen Abschied von unseren Wirtsleuten und von dem ostpreußischen Kommunisten, der uns in diesen Tagen ein so hilfreicher Gefährte gewesen war. Seinen Namen habe ich leider vergessen.

Dann begann unser Heimweg mit leeren Taschen; denn Zigaretten hatten wir natürlich nicht mehr, dafür aber Kopf- und Kleiderläuse. Sie waren wohl beim Anstehen nach einer Portion Suppe auf dem Dorfplatz in der langen, dichten Schlange der Wartenden zu uns hinübergekrochen.

Das erste Etappenziel erreichten wir über Gadebusch und Bad Kleinen schnell: die Demarkationslinie. Hier hatten die Briten auf einer Chaussee einen Schlagbaum, den ein kleiner Trupp Soldaten bewachte. Auch eine Gruppe deutscher Männer stand dort herum, als wir auf der Bildfläche erschienen. Von den Russen war weit und breit nichts zu sehen. Sie handelten wohl nach dem Grundsatz militärischer Spähtrupps: Sehen, ohne gesehen zu werden. Angeblich gab es einige hundert Meter weiter auf der Chaussee außerhalb unseres Gesichtsfeldes auch einen russischen Schlagbaum. Sehr wahrscheinlich beobachtete man aus einem Versteck heraus mit Feldstechern diesen britischen Grenzübergang genau und registrierte rund um die Uhr alles, was hier vorging. Vielleicht wäre es deshalb am besten gewesen, wenn wir weiter geradeaus gegangen wären. Die Engländer hätten bestimmt nichts dagegen gehabt. Sie kümmerten sich überhaupt nicht um uns.

Die Wortführer der kleinen deutschen Gruppe hielten es aber für richtig, im nahe gelegenen Wald den russischen Straßenposten zu umgehen. Alle übrigen, auch wir, stimmten dem zu, und daraufhin zogen wir (unter den Augen russischer Vorposten?) los.

Schon bald lief unsere kleine Gruppe von etwa zehn Leuten den hier stationierten russischen Frontsoldaten in die Arme. Natürlich erschrak ich, als ich nicht nur einen von ihnen vor mir sah, sondern gleich darauf ringsumher noch viele andere. Angst aber kam - daran kann ich mich noch genau erinnern -, bei mir gar nicht erst auf. Vielleicht lag das daran, daß sie mit geschulterten Waffen freundlich auf uns zugingen.

Man führte uns auf eine Wiese an einem Waldrand, von wo aus man ein nahegelegenes Dorf sehen konnte. Hier hockten schon mehrere deutsche Männer auf dem Boden.

Zunächst dachten die Russen an unser leibliches Wohl. In leeren Konservendosen brachten sie uns Suppe und einen Kanten von ihrem säuerlichen Kommißbrot.

Nach dem Essen wurden wir gefilzt. Daran schienen sich alle russischen Soldaten zu beteiligen, die gerade dienstfrei waren. Brauchen konnten sie außer unserem Geld, der Deutschen Reichsmark, alles. Wenn sie Münzen oder Scheine fanden, warfen sie beides in die Luft mit den Worten: Hitler kaputt, woina (Krieg) kaputt, Geld kaputt, alles kaputt. Darin irrten sie; denn die Reichsmark blieb ja noch bis zur Währungs-reform 1948 gültig, wenn auch mit nur geringer Kaufkraft.

Erstaunt und verwundert musterte ich die erbärmliche Ausrüstung dieser russischen Frontsoldaten. An ihren simplen Uniformen fehlten viele Knöpfe, die durch Sicher-heitsnadeln ersetzt worden waren. Unglaublich schlecht war auch ihr Schuhwerk. Verständlich, daß sie stark auf unsere Schuhe fixiert waren.

Zuerst aber nahmen sie uns, wie erwartet, alle Uhren weg. Ich hatte damals die Taschenuhr meines verstorbenen Vaters bei mir. Auf dem Rückzug von unserer Auffangstellung am Randow-Bruch war sie mir wirklich kaputt gegangen. Es gelang mir, die Russen davon zu überzeugen. Daraufhin durfte ich sie (vorerst) behalten.

Dann kam es in einigen Fällen zum Schuhtausch. Wer zu den Pechvögeln gehörte und russische Treter als Ersatz kriegte, war übel dran. Das Marschieren wurde für sie an den nächsten Tagen zur Qual.

Was die Russen außerdem noch einsammelten, habe ich nicht im einzelnen registriert. Nur eines verfolgten wir alle mit Interesse: den Versuch eines Deutschen, sein Friseurbesteck zu retten. Alles Bitten, Betteln und Festhalten blieb vergeblich. Die Haarschneidemaschine, Schere, Kamm und Spiegel, das Rasiermesser, der Pinsel, die Seife und was sonst noch zur Grundausstattung gehörte, wechselte mitsamt dem Lederbehälter, in dem alles übersichtlich und gut aufbewahrt war, den Besitzer. Bei diesem Vorgang gewannen wir den Eindruck, daß es besser sei, ihnen bereitwillig zu geben, was sie sich andernfalls doch nehmen würden, notfalls mit Gewalt.

Als nächstes wurde unsere inzwischen auf 30 Mann angewachsene Gruppe von Zivilgefangenen namentlich erfaßt. Mit dieser Aufgabe hatte man einen einfachen russischen Soldaten betraut, der damit sichtbar überfordert war. Er fluchte pausenlos, und sein Gesicht verriet, wie wütend er war. Später konnte ich ihn verstehen; denn deutsche Vor- und Familiennamen klingen für russische Ohren fremdartig; und der Versuch, die deutschen Laute mit den Buchstaben des russischen (kyrillischen) Alphabetes zu Papier zu bringen, konnte deshalb nur mangelhaft gelingen. Er war mit seinem Werk wahrscheinlich selber nicht zufrieden.

Übrigens ist das der Grund dafür, daß es bis heute so schwer fällt, deutsche Vermißtenschicksale aufzuklären. Die Russen haben zwar alle Kriegs- und Zivilgefangenen registriert. Die Listen sind auch noch weitgehend vorhanden und werden den deutschen Suchdiensten seit einigen Jahren zur Verfügung gestellt. Aber sie sind leider schwer lesbar, weil eine Rückübertragung vorgenommen werden muß vom russischen Alphabet zum deutschen. Hinzu kommt, daß Namen sehr oft nicht lauttreu geschrieben werden.

Zurück zu unserer Liste. Als ich dem wütenden, fluchenden Muschik meinen Namen Nemitz nannte, ging augenblicklich eine Veränderung in ihm vor. Er verstummte, guckte mich erstaunt an, strahlte plötzlich vor Freude und schlug mir mit einer Hand wieder und wieder auf die Schulter mit den Worten: Njemski, Njemski. Damit nicht genug. Er rief seinen Kameraden etwas zu, was ich nicht verstand, zeigte mit dem Finger auf mich und wiederholte: Njemski, Njemski. Einige Russen kamen auch herbei und wollten den Jungen sehen, der nicht nur ein Deutscher war, sondern auch so hieß. Diesen Zusammenhang erklärte mir einer meiner neuen Kameraden. Seitdem weiß ich, woher mein Familienname stammt und was er bedeutet (Nemitz: altslawisch nemici „der Deutsche").

Nachdem wir abgefüttert, gefilzt und registriert worden waren, rollte aus dem benachbarten Dorf eine Pferdekutsche auf uns zu. Sie war von der Art, wie sie auf dem Lande Hochzeitspaare gerne auf ihrem Weg zur kirchlichen Trauung benutzten. Hier diente sie einem jungen russischen Offizier, der wahrscheinlich Zug- oder Kompanieführer war, als Gefährt. Auf der Kutscherbank saß ein russischer Soldat.

Bemerkenswert an diesem Offizier war für mich nur, daß er mit sichtbarem Stolz eine nagelneue deutsche Schlosser-Arbeitshose unter seiner Feldbluse trug. Weiterer Beleg für die ärmliche Ausstattung der russischen Frontsoldaten.

Man machte diesem Vorgesetzten Meldung. Er musterte uns Zivilgefangene flüchtig, gab seinen Soldaten einige Befehle und fuhr wieder davon.

Anschließend mußte unsere 30 Mann starke Gruppe eine Marschkolonne bilden. Ein russischer Soldat mit umgehängter MPi wurde uns als Bewacher zugeteilt und nach dem Zuruf ‚Dawai, dawai' zogen wir los in Richtung Nachbardorf.

Nach etwa 100 Metern hörten wir hinter uns Geschrei. Unser Bewacher kommandierte Stoi. Wir hielten und sahen einen Russen auf uns zulaufen. Er kam gezielt zu mir, griff in die richtige Tasche meiner Fallschirmjägerhose, stahl mir die kaputte Uhr meines

Vaters und lief wieder zurück. Ihm war also gerade noch rechtzeitig eingefallen, daß man eine kaputte Uhr ja auch in der Sowjet-Union zur Reparatur bringen konnte.

In dem Dorf mußten wir einige Wohnungen „ausmisten", in denen die Russen gehaust hatten wie die Vandalen. Auf dem Boden lagen Exkremente, zerschlagenes Geschirr und viel Schmutz und Dreck. Die Gardinen waren zerrissen, die Betten aufgeschlitzt. Federn flogen umher. Ein Bild der Zerstörung und Verwüstung, wie es sich nach dem Einmarsch der Russen in Deutschland überall bot.

Eine Erklärung für diesen Vandalismus der russischen Soldateska finde ich darin, daß die Deutschen bei ihrem Rückzug aus der Sowjet-Union „verbrannte Erde" zurückgelassen hatten. Nun sahen die Sieger, daß der verhaßte Feind vergleichsweise reich war und eine Wohnkultur und Lebensqualität besaß, die in Rußland unvorstellbar war. Beides gönnten sie den Deutschen nicht, die den 2. Weltkrieg verursacht und verloren hatten. Daher die blinde Zerstörungswut. Die Motive dafür: Neid und Rachsucht.

Nachdem wir die befohlenen Arbeiten ausgeführt und die Wohnungen für die Russen bewohnbar gemacht hatten, marschierten wir nur noch eine kleine Strecke bis zu einem Gut, auf dem man uns zur Nacht in einem großen, leeren Hühnerstall einsperrte. Schlafen konnten wir hier nicht; denn auf dem Gut feierten die Russen mit Wodka , Freudenschüssen und lautem Gesang ihren großen Sieg. Sehen konnten wir davon nichts. Um so aufmerksamer nahmen wir dieses Spektakel akustisch wahr. Einige von uns fürchteten Übergriffe, die jedoch ausblieben. In dieser Nacht faßte ein ehemaliger Fallschirmjäger-Unteroffizier den Entschluß, bei der nächsten sich bietenden Gelegenheit zu fliehen. Er war ein erfahrener Soldat. Sein Soldbuch hatte er, wie andere auch, weggeworfen, die Seite mit den eingetragenen Auszeichnungen zuvor aber herausgerissen. Davon wollte er sich noch nicht trennen. Über seine Fluchtabsicht sprach er offen mit uns allen, weil er am liebsten zu zweit oder dritt fliehen wollte. Auch Klaus und mich sprach er an. Aber niemand wollte sich ihm anschließen, solange wir von den Russen noch nicht an unserem Zielort vorbei weiter nach Osten geführt wurden.

*

Am nächsten Morgen verließen wir mit einem großen Gefühl der Erleichterung den Hühnerstall und das Gut und marschierten weiter in Dreierreihen, nur nicht wie früher im Gleichschritt. Der Weg führte uns durch eine für Mecklenburg typische Landschaft: Äcker und Wiesen zu beiden Seiten der Straße und hin und wieder ein Wäldchen und kleine Seen. Die Natur bot ein durchaus friedliches Bild. Gesprochen wurde in der Kolonne nicht viel. Jeder war mit sich und seinen Gedanken beschäftigt. Auch unser Bewacher trottete mit einigen Metern Abstand stumm hinter uns her. Vielleicht dachte er an seine Heimatstadt Omsk in Sibirien. Daß er von dort stammte und nie Urlaub bekommen hatte, wußten wir inzwischen von einem Kameraden, der etwas russisch sprach.

Aus unseren ruhigen Überlegungen wurden wir plötzlich aufgeschreckt, als der Blick auf eine Viehkoppel fiel, in der man deutsche Zivilgefangene unter Kontrolle hielt. Diese Methode kannten wir ja schon vom Engländer. Bewacht wurden die Gefangenen von Soldatinnen, die man damals abfällig „Flintenweiber" nannte und bei denen es die Gefangenen oft schlechter hatten als bei deren männlichen Kollegen. Sie riefen unserem Muschik eine Aufforderung zu, die sie mit unmißverständlichen Armbewegungen begleiteten. Er sollte uns bei ihnen abliefern! Das tat er aber nicht. Er hatte andere Befehle, und die führte er stur aus. Wir empfanden daraufhin für ihn schon so etwas wie Sympathie. Er sah auch wirklich aus wie ein lieber Opa, der keiner Fliege etwas zu Leide tun konnte. Sicherlich hatte er es in seinem Leben immer schwer gehabt, und bestimmt war er wesentlich jünger als er aussah.

Weiter ging's. Jeder tauchte wieder in seine eigene Gedankenwelt ein. Wir hatten ja auch viel zu bedenken und zu verarbeiten: den völligen Zusammenbruch unseres Weltbildes, die eigene existentielle Gefährdung, die Sorge um die Angehörigen. Der sture Marsch eignete sich dafür besonders gut.

Das war die Situation, als ein Mitgefangener aus dem Glied trat, sich bückte und an seinen Schnürsenkeln nestelte. Die ganze Kolonne latschte an ihm vorbei, auch der russische Soldat.

Plötzlich erschraken wir, blieben stehen und drehten uns um. Wir hatten rasche Schritte gehört und sahen nun, wie unser Fallschirmjäger-Uffz. die Straßenböschung hinunterhetzte und über eine relativ schmale Wiese den dahinter beginnenden dichten Stangenwald zu erreichen versuchte. Der Russe riß seine MPi von der Schulter, entsicherte sie und jagte ihm eine ganze Garbe von Geschossen nach, bis wir unseren Kameraden ohne Anzeichen einer Verwundung im Wald verschwinden sahen.

Was würde nun geschehen? Ratlos standen wir auf der Straße herum. Daß man nicht einfach weitermarschieren konnte, war klar. Wir ließen uns also an der Böschung nieder und warteten ab. Gerüchte wurden „gekocht". Einige glaubten zu wissen, wie die Russen sich in solchen Fällen zu verhalten pflegten. Was sie sagten, klang nicht gut.

Es dauerte dann auch nicht lange, bis ein russischer Offizier, ein Mongole, auf einem schwerfälligen Pferd herangaloppierte, das aussah wie ein zum Reitpferd umfunktionierter Ackergaul. Er ließ sich den Vorfall erklären, fluchte fürchterlich und ritt dann auf der Spur des Flüchtlings bis zum Stangenwald. Dort paßte sein breites Pferd nicht hinein. Er hätte also absteigen und die Verfolgung zu Fuß aufnehmen müssen. Dazu fehlte ihm wohl der Mut. Er kehrte jedenfalls zu uns zurück, fluchte wieder, sprach mit unserem Bewacher und verschwand. Wir erwarteten nun das Kommando ‚Dawai‘, das aber nicht kam. Deshalb blieben wir an der Böschung sitzen und führten lebhafte Gespräche. Einziges Thema: diese Flucht. Interessant dabei war die einhellige Meinung, daß „unser" Russe bestimmt nicht gezielt geschossen hatte. Das wollte ihm einfach niemand unterstellen.

Nach einer Weile erschien der russische Offizier aus der Mongolei wieder. Diesmal brachte er einen blutjungen Soldaten mit, Mongole wie er und gleichfalls bewaffnet mit einer MPi. Beide Soldaten mußten sich von ihm noch allerlei anhören. Dann durfte unsere Kolonne weiterziehen.

An der Kopfzahl hatte sich durch die geglückte Flucht nichts geändert, aber unsere Zusammensetzung war jetzt eine andere. Wir waren nun nur noch 29 Zivilgefangene, hatten dafür aber zwei Bewacher, was weitere Fluchtversuche erschwerte.

*

Am Abend dieses aufregenden Tages machte unsere Kolonne halt auf einem Dorfplatz irgendwo westlich von Güstrow. Der Ort war wie ausgestorben. Wir sahen weder Kinder noch Greise. Selbstverständlich auch keine Mädchen und Frauen. Das war im Mai 1945 typisch für das Verhalten der deutschen Bevölkerung in der sowjetrussischen Besatzungszone. Von russischen Soldaten drohte meistens Gefahr, und vor unseren beiden Bewachern mußten sich nicht nur die Frauen verstecken; denn unsere kleine Kolonne hatte ja seit der Flucht des Fallschirmjäger-Unteroffiziers eine Leerstelle; und die schlossen die Russen gerne im Vorbeiziehen, indem sie einen anderen Deutschen dafür einreihten.

Eine Zeitlang saßen wir auf dem Dorfplatz ganz alleine mit dem jungen Mongolen. Der Muschik aus Omsk war fortgegangen, um für uns ein geeignetes Quartier zu suchen. Er blieb recht lange weg. Schon brach die Dunkelheit herein. Plötzlich sprang der junge Bewacher, der in unserer Nähe gesessen hatte, auf, entfernte sich etwa 10 Schritte und schoß mit seiner MPi in die Luft. Ihm war wohl plötzlich bewußt geworden, daß er im Dunkeln von uns leicht hätte überwältigt werden können. Die Schüsse sollten wohl ein Signal für seinen Kameraden sein und von ihm verstanden werden als Aufforderung, endlich zurückzukommen. Der erschien dann auch gleich und führte uns auf einen Bauernhof, auf dem uns ein etwa 50jähriger Bauer empfing in auffallend niedergedrückter Stimmung. Von ihm erfuhren wir, daß Mädchen und Frauen auch in diesem Ort sehr hatten leiden müssen und die Übergriffe noch immer nicht aufgehört hatten. Darum ließ sich auch auf seinem Hof kein weibliches Wesen blicken. Zu essen

bekamen wir trotzdem gut und reichlich. Der Bauer hatte köstliche Pellkartoffeln gekocht und dazu eine mecklenburgische Sahne-Speck-Soße gemacht. Zu trinken gab es
Süße Milch und Buttermilch. Auch Dicke Milch mit Zucker bot er uns an. Verständlich, daß wir alle mehr als genug aßen. Noch heute läuft mir das Wasser im Munde
zusammen, wenn ich an dieses Nostalgie-Essen denke.

Anschließend sperrten uns die beiden Russen in der Scheune des Bauern ein. Wir
kletterten von der Tenne über eine Leiter auf den Strohboden, und dort fiel ich sofort
in meinen gewohnten Tiefschlaf.

Viel zu früh geweckt wurde ich durch ein starkes Durchfall-Gefühl. Ich stand auf und
mußte gleich die Pobacken zusammenpressen, bevor ich im Dunklen einige
vorsichtige Schritte machen konnte. Dieser Vorgang wiederholte sich mehrere Male,
und beinahe hatte ich auch schon die Leiter zur Tenne erreicht, als ich unverhofft
zwischen zwei Strohballen tief durchtrat und mir im gleichen Augenblick der ganze
Darminhalt in die Hose rutschte.

An Ort und Stelle zog ich mir die total verschmutzte Kleidung aus und reinigte mich
so gut es ging unter diesen Umständen: bei Dunkelheit und ohne Wasser. Dann
kletterte ich die Leiter hinab auf die Tenne und schob meine schöne Fallschirmjägerhose unter dem Scheunentor nach draußen, bevor ich den auf so ärgerliche Weise
unterbrochenen Schlaf fortsetzte.

*

Am nächsten Tage erreichten wir Güstrow. Hier führte man uns an russischen Posten
vorbei auf einen Gefängnishof, wo wir uns in Linie zu drei Gliedern für ein kurzes
Verhör auf Abstand aufstellen mußten. Klaus und ich einigten uns rasch auf die Lüge,
daß wir Schüler seien, aus einem KLV-Lager kämen und nach Hause wollten.

Bevor wir als Kleinste und Letzte dran waren, hörten wir die Legenden der anderen mit an. Angeblich war keiner dieser Heimkehrer Soldat gewesen, sondern z.B. nur Feuerwehrmann, Eisenbahner, Mitglied des Roten Kreuzes. Überzeugend war das nicht. Uns beiden schien man zu glauben. Anschließend wurden drei von uns abgeführt und die übrigen 26 ohne Entlassungsschein mit den Worten Dawai, Domoi (Ab! Nach Hause!) fortgeschickt. Das ließen wir uns nicht zweimal sagen. Ehe es sich die Russen doch noch anders überlegen konnten, verließen wir eilig den Gefängnishof und entfernten uns erst einmal weit genug aus dessen Bannkreis.

Die überraschende Großzügigkeit uns gegenüber erklärten wir uns damit, daß das Gefängnis überfüllt war und der Platz nicht für uns alle reichte; denn hinter den vergitterten Zellenfenstern hatten wir viele Köpfe gesehen, die unser Verhör auf dem Hof verfolgten.

Diesem glücklichen Umstand hatten wir es also zu verdanken, daß wir von Güstrow aus nicht als „Reparationsverschleppte" oder „-sklaven" zum Wiederaufbau in die Sowjet-Union verfrachtet wurden. Daß man uns aus diesem Grunde an der Demarkationslinie als Zivilisten gefangen genommen hatte, erfuhr ich erst sehr viel später aus der Literatur, z.B. aus folgender Textstelle:

„Reparationsverschleppte
Ein Sonderkapitel der Flucht bildet die Verschleppung deutscher Zivilpersonen zur Zwangsarbeit in die Sowjetunion, denn gerade aus Angst vor diesen Deportationen ergriffen viele Ostdeutsche die Flucht. ...

Der Begriff >Reparationsverschleppte< besagt, daß die Siegermächte Reparationen aus Deutschland in der Form von Arbeitsleistungen forderten. Die Frage wurde auf der Jalta-Konferenz (4.-11. Februar 1945) erörtert und die Entscheidung in einem von Churchill, Roosevelt und Stalin unterzeichneten Protokoll vom 11. Februar 1945 festgehalten, wonach „Reparations in kind" anstelle von Geldreparationen aus Deutschland zu nehmen seien. Der Begriff „Reparations in kind" wurde dahingehend definiert, daß Lieferungen aus der laufenden deutschen Produktion, Demontage deutscher Industrien und Verwendung deutscher Arbeitskräfte eingeschlossen waren. Eine Reparationskommission mit einem sowjetischen, einem amerikanischen und einem britischen Mitglied wurde in Moskau gebildet. Daher tragen die westlichen Alliierten auch die Mitverantwortung an dem Massensterben der deutschen Reparationsverschleppten.

Die Verschleppungen begannen allerdings bereits vor der Konferenz von Jalta, also lange vor der Absprache mit den Westalliierten. Für die Volksdeutschen im rumänischen Banat und in Siebenbürgen begannen sie im Herbst 1944, für die Ostpreußen im Januar 1945.

Im Gegensatz zu den Tötungen und Vergewaltigungen durch Angehörige der sowjetischen Truppen, die weitgehend Willkürhandlungen einzelner Soldaten und Offiziere waren, handelt es sich bei diesen Verschleppungen um eine systematisch betriebene Aktion, die von der obersten sowjetischen Führung geplant und einheitlich durch alle sowjetischen Armeen jenseits von Oder und Neiße durchgeführt wurde.

Für die Organisation der Verschleppung waren die Heeresgruppen der Roten Armee zuständig. Die Deportationen begannen in den jeweils eroberten Gebieten im allgemeinen zwei bis drei Wochen nach der Besetzung. Es ging nicht darum, bestimmte Personen zu fassen, sondern eine möglichst große Zahl arbeitsfähiger Deutscher zusammenzutreiben. Jeder der vier sowjetischen Heeresgruppen war ein etwa gleich hohes „Verschleppungssoll" auferlegt worden. ...

Von den Millionen Vertriebenen haben die „Reparationsverschleppten" am meisten gelitten; denn sie verloren nicht nur die Heimat, sondern leisteten jahrelang Sklavenarbeit wie die Besiegten in der Zeit der ägyptischen Pharaonen. Rund die Hälfte dieser Sklaven des 20. Jahrhunderts ist umgekommen."[43]

22

Am Abend des Tages, an dem wir formlos aus unserer kurzen russischen Zivilgefangenschaft entlassen worden waren, schlossen wir zu einem von zwei Pferden gezogenen, leeren Leiterwagen auf, wie er damals zum Einbringen der Heu- und Getreideernte gebraucht wurde. Wir baten den Bauern, ein Stückchen mitfahren zu dürfen. Da er einverstanden war, bestiegen wir dieses langsame Fahrzeug von hinten und setzten uns zu beiden Seiten eines etwa 16 jährigen Burschen. Alle drei hatten wir eine Stange zwischen den müden Beinen, die wir baumeln ließen. Das tat gut.

Plötzlich fing Klaus, dieser egozentrische, leidenschaftliche Erzähler, zu reden an. Ich dachte, ich höre nicht recht. Er plauderte unsere Geschichte der letzten beiden Monate aus. Vergebens versuchte ich, an dem Jüngling vorbei durch unauffällige Zeichen Klaus zum Schweigen zu bringen. Er war nicht zu stoppen.

Der junge Bursche sprach nur wenig. Aber was er sagte, verriet einen fremdländischen Akzent, wie ich ihn von dem etwa gleichaltrigen Jugendlichen kannte, der meinem Onkel bei Kriegsende in Damerkow Kreis Bütow auf dem großväterlichen Bauernhof als sogenannter Ost- oder Fremdarbeiter zugewiesen worden war. Verständlich, daß mich deshalb ein ungutes Gefühl beschlich.

Auf seinem Hof bot der Bauer uns Essen und auch ein Nachtquartier auf der Tenne seiner Scheune an. Neben einer Häckselmaschine machten wir uns ein Strohlager und schliefen schnell ein.

Gewecht wurden wir durch zwei Taschenlampen, die uns blendeten, weil sie voll auf unsere Gesichter gerichtet waren. Gleichzeitig hörten wir die Frage: Germanski Soldat?

Ich war wie erstarrt vor Schreck und Angst und brachte keinen Ton hervor; denn mir schossen natürlich sofort alle die Assoziationen durch den Kopf, die ich schon auf dem

Leiterwagen hatte. Nun war ich mir sicher, daß der junge Bursche mit dem fremdländischen Akzent uns an die russischen Soldaten verraten hatte.

Plötzlich hörte ich Klaus sagen: „Nix Germanski Soldat. Schüler."

Nachdem man unsere Kindergesichter lange genug betrachtet hatte, leuchtete man mit den Taschenlampen unsere Körper ab. Deshalb waren die Augen nicht mehr geblendet. Sie gewöhnten sich an die Dunkelheit, und ich erkannte mehrere russische Soldaten, von denen zwei ihre MPi auf unsere Bäuche gerichtet hatten.

In einer solchen Situation dehnt sich die Zeit. Endlich gingen die Russen wieder. ‚Karascho' (gut) war das einzige Wort, was ich verstand und behalten habe.

Während dieser ganzen Prozedur hatten Klaus und ich lediglich unsere Oberkörper angehoben und auf die Ellenbogen gestützt. Nun streckten wir uns wieder aus und gingen, jeder für sich, den eigenen aufgewühlten Gedanken nach, bevor wir tatsächlich wieder einschliefen. Ich mußte z.B. noch daran denken, daß ich bei dem Verhör auf dem Gefängnishof und auch hier auf der Tenne zum Glück nicht mehr meine Fallschirmjägerhose trug. Vielleicht hätten die Russen in mir sonst doch noch einen Werwolf vermutet. Wer in solchen Verdacht geriet, hatte bei ihnen auch als Kind in der Gefangenschaft einen schweren Stand.[44]

Als wir am nächsten Tage diesen Ort weit genug hinter uns gelassen hatten, machte ich Klaus die heftigsten Vorwürfe. Ich hoffte, daß dieser Vorfall ihm eine Lehre für sein weiteres Leben sein würde. Aber was man als Anlage in den Genen hat, läßt sich nicht leicht unterdrücken oder gar abstellen. Mit seiner unbesonnenen Redseligkeit brachte er uns beide knapp zwei Jahre später noch einmal in äußerste Gefahr.

*

Unser nächstes Ziel auf dem Wege nach Klein Zastrow bei Greifswald war ein Bauernhof in Reinberg Kreis Grimmen. Hierhin hatte Bärbel Fleßner geheiratet, eine der drei Angestellten in der Kantine der Pionierkaserne in Stettin-Podejuch. Sie war eine zarte, fleißige, verläßliche junge Frau und für Frau Leistikow so etwas wie „ihre rechte Hand". 1944 heiratete sie den Oberfeldwebel Kurt Fleßner. Da alle seine Brüder gefallen waren, hatte man ihn aus der Front herausgezogen und als Ausbilder in die Kaserne gesteckt. Dort durfte er als Hoferbe den Krieg überleben.

Als die Russen Stettin-Podejuch besetzten und Frau Leistikow nach Klein Zastrow flüchtete, ging Frau Fleßner auf den Bauernhof ihres Mannes bei Grimmen.

Dort trafen wir sie tatsächlich an. Das war für uns wie eine halbe Heimkehr. Zum ersten Mal nach etwa 2 ½ Monaten schnupperten wir wieder eine private Atmosphäre. Wir aßen an gedeckten Tischen, schliefen im Bett und führten Familiengespräche. Das war unglaublich wohltuend.

*

Nun stand uns nur noch ein Tagesmarsch bevor. Er verlief ohne Zwischenfall. Frau Leistikow und Klaus fielen sich in die Arme. Sein Bruder Hans mußte an diesem Tage zusammen mit anderen Burschen aus dem Dorf eine große Herde Kühe ein paar Kilometer weit nach Osten treiben. Als er durch Zuruf von unserer Heimkehr erfuhr, „desertierte" er sofort und eilte nach Hause zurück.

Die Familie Leistikow war nun also wieder fast vollständig beisammen. Von meiner Mutter und von meinen beiden jüngeren Brüdern fand sich dagegen hier keine Spur.

Da die Russen Ende Mai 1945 die von ihnen besetzten Gebiete recht unsicher machten, schlug Frau Leistikow mir vor, vorerst bei ihr in Klein Zastrow zu bleiben und mit der Suche nach meinen Angehörigen noch ein paar Wochen zu warten. So geschah es.

23

In Klein Zastrow begann für mich ein völlig neuer Lebensabschnitt. Drei Monate zuvor war ich noch als Gymnasiast in meiner Heimatstadt Stettin zur Schule gegangen; danach war ich Volkssturmsoldat, Gefangener, „Frühheimkehrer".

Und nun? Wie sollte das Leben jetzt weitergehen?

Die Schulen blieben noch monatelang geschlossen, die Versorgung der Bevölkerung war zusammengebrochen. Am besten war es wohl, wenn man an einem einigermaßen sicheren Ort zunächst die weitere Entwicklung der Verhältnisse in Deutschland abwartete. Vor allem kam es zunächst darauf an, irgendwie zu überleben. Auf einem Bauernhof war das noch am ehesten möglich, wenn man sich dort nützlich machte.

Bauer Müller, bei dem wir einquartiert waren, hatte noch immer zwei Pferde und sechs Kühe. Gespannführer wurde ein gleichaltriger Flüchtlingsjunge aus Ostpreußen, der vom Lande stammte, schon viel von der Landwirtschaft verstand und mit Pferden umgehen konnte. Uns drei Schülern wurden die Kühe anvertraut. Morgens mußte jeder zwei Kühe melken. Danach brachte im Wechsel einer von uns alle sechs Kühe in eine Koppel, und die beiden anderen misteten inzwischen den Stall aus.

Das war die Arbeit vor dem Frühstück. Danach ging's auf's Feld zum Rübenhacken, Rübenverziehen und all den anderen Arbeiten, die dort im Laufe des Jahres anfallen. Zu tun gab es immer etwas und zu essen zum Glück auch.

Nach der Mittagspause ging die Arbeit auf dem Feld oder auf dem Hof weiter. Vor dem Abendbrot holte einer die Kühe heim, die wir noch einmal melken mußten. Erst danach begann die schönste Zeit des Tages: der Feierabend.

Mir fiel diese Landarbeit schwer. Manchmal verfolgte sie mich bis in den Schlaf. Dann verrichtete ich träumend meine Arbeiten noch einmal und mußte schon wieder aufstehen, wenn in meinem Traum die Feierabendglocken läuteten.

*

Der 8. Juni 1945 - mein 16. Geburtstag - war für mich ein besonders trauriger Tag. In Gedanken war ich ständig bei meinen Angehörigen. Wo mochten sie bloß stecken? War ihnen die Flucht überhaupt noch gelungen, obwohl sie ihren Aufbruch viel zu lange aufgeschoben hatten?

Ich dachte zurück an die glücklichen Jahre in meiner Familie, als mein Vater in Armenheide Kreis Randow Lehrer auf dem Lande war. Noch schöner wurde es für mich, als er nach Stettin versetzt wurde, in Braunsfelde ein Reihenhaus kaufte und mich auf das Schiller-Realgymnasium schickte.

Dann aber begann der 2. Weltkrieg und machte auch unsere Familie kaputt. Mein stets beneidenswert gesunder Vater wurde ausgerechnet am 1. September 1939 zum ersten Male krank und vom Hausarzt falsch behandelt. Nach dessen Aussage durfte er als Zivilist nicht zu einer gründlichen Untersuchung ins Krankenhaus gebracht werden, weil die Betten und Geräte dort angeblich reserviert waren für die verwundeten deutschen Soldaten, die man aus dem Polenfeldzug erwartete. Erst als diese ausblieben, wurden die Krankenhäuser in Stettin wieder für Zivilisten freigegeben; zu spät für meinen Vater. Er hatte Wasser in der Nähe des Zwerchfelles, das sich durch rechtzeitiges Punktieren leicht hätte beseitigen lassen. Inzwischen war aus dem Wasser Eiter geworden. Dieser hatte einen Lungenflügel befallen. Penicillin gab es damals noch nicht. Deshalb mußte mein Vater schon am 5. Oktober 1939 an dieser Auswirkung des Krieges sterben.

Zurück blieb meine Mutter mit drei Söhnen im Alter von zehn, acht und sechs Jahren, die sie nun alleine durchbringen mußte. Sie hat es geschafft und dabei wie viele andere

Frauen und Mütter in den schlimmen Kriegs- und Nachkriegsjahren Unglaubliches geleistet.

*

Es war während der Getreideernte, also irgendwann im Juli 1945. Ich stand hoch oben auf einem Leiterwagen, nahm die Garben an, die man mir mit der Forke hochreichte, und verpackte sie so, daß der zuletzt in Längsrichtung aufgelegte Balken die gesamte Last zusammenhalten konnte. Plötzlich kam ein junger Bursche über das Feld auf unseren Wagen zu: Rudi Neumann, ein Freund aus Stettin-Podejuch. Er war mit seinen Eltern nach dem Krieg in ihre Wohnung zurückgekehrt in dem Glauben, daß Stettin deutsch bleibt. Anfangs sah es auch ganz danach aus; denn am 3. Mai 1945 hatte der sowjetische Stadtkommandant den 25 jährigen Erich Spiegel (1919 - 1984), Mitglied des Nationalkomitees Freies Deutschland, zum ersten Nachkriegsbürgermeister der Stadt gemacht. Er war in Stettin geboren und aufgewachsen, wurde 1941 zum Militär eingezogen, geriet 1944 in russische Gefangenschaft und wurde nach einer Vorbereitung auf verschiedene Aufgaben in der sowjetischen Besatzungszone bereits am 2. Mai nach Stettin entlassen.

Am 26. Mai 1945 folgte ihm im Amt des Bürgermeisters Erich Wiesner, der schon vor 1933 Funktionär der KPD in Stettin gewesen war. Erich Spiegel wurde dafür Landrat des Kreises Groß-Stettin. [45]

Seit dem 28. April 1945 hatten aber auch die Polen schon eine Verwaltungsmannschaft in Stettin. Diese mußte auf Veranlassung der Sowjetrussen Stettin am 17. Mai 1945 zwar wieder verlassen, aber am 5. Juli 1945 kehrte sie - nun mit dem Einverständnis der Sowjetrussen - wieder zurück. Ihre wichtigste Aufgabe bestand zunächst darin, die Deutschen aus Stettin zu vertreiben und möglichst viele Polen anzusiedeln. Wer von unseren Landsleuten dort geblieben oder inzwischen dorthin zurückgekehrt war, mußte/konnte also schnell begreifen, daß ihre Heimatstadt - jetzt Szczecin - für sie endgültig verloren war. Rudi Neumann wollte deshalb im Auftrag seiner Eltern bei

Frau Leistikow erkunden, ob seine Familie auch vorerst in Klein Zastrow bei Greifswald unterkommen konnte. Das ließ sich machen; und als er am nächsten Tage mit dieser Nachricht nach Stettin zurückkehrte, begleitete ich ihn, weil das eine gute Gelegenheit war, in Penkun und in Stettin-Braunsfelde die Spurensuche nach meinen Angehörigen aufzunehmen.

Einen geregelten Personenzugverkehr gab es im Sommer 1945 in Vorpommern natürlich noch nicht. Trotzdem schauten wir uns zunächst auf dem Greifswalder Bahnhof um. Auf einem der Gleise stand ein Güterzug ohne Lokomotive. Der letzte Wagen hatte ein Bremserhäuschen, das wir bestiegen, um dort das weitere Geschehen auf dem Bahnhof abzuwarten. Irgendwann erhielt dieser Güterzug einen Stoß von vorne. Eine Lokomotive hatte angekoppelt, und ab ging die Fahrt in Richtung Stettin. Den ersten Halt gab es in Pasewalk. Hier stiegen wir aus und zogen zu Fuß weiter nach Penkun.

Die Villa am Ostrand des Städtchens (Randsiedlung 4), in der meine Mutter mit meinem jüngsten Bruder von 1943 - 45 bei dem Ehepaar Vogt wohnte, war bei den Kampfhandlungen vom 20. - 26. April 45 unbeschädigt geblieben. Ich traf dort noch eine mir bekannte kinderreiche Familie an, die entweder nicht geflüchtet oder schon wieder zurückgekehrt war. Leider wußten sie nur, daß meine Angehörigen zusammen mit dem Ehepaar Vogt doch noch auf die Flucht gegangen waren, als es dafür schon fast zu spät war. Seitdem hatten auch sie von ihnen nichts mehr gehört.

Da in diesem Hause einige an Typhus erkrankt waren, marschierten wir sofort weiter. Kurz vor der Penkuner Autobahnauffahrt holte uns ein von zwei Pferden gezogener Panjewagen ein. Der Kutscher, ein freundlicher russischer Soldat, hielt, ließ uns aufsteigen und brachte uns auf diese Weise schnell bis Kolbitzow; denn die beiden Pferdchen mußten auf der ganzen Strecke pausenlos traben.

In Kolbitzow gesellten wir uns zu einer Gruppe von Zivilisten, die an der Straße nach Stettin in der Nähe der Autobahnbrücke stand. Schon bald hielt hier ein Lkw mit offener Ladefläche. Alle durften aufsteigen. Stehend und dicht gedrängt trafen wir so schneller als gedacht in Stettin ein. Hier trennte ich mich von Rudi Neumann. Er eilte zu seinen Eltern, und ich suchte Hermann Tober auf, den Bruder von Frau Leistikow, der mit seiner Frau Emma in Stettin geblieben war. Ich kannte diese beiden sympathischen Menschen noch aus Stettin-Podejuch. Im Sommer 1945 arbeitete Herr Tober im Stettiner Hafen für die Russen, die ihn und seine Arbeitskameraden dafür vor Übergriffen durch die Polen schützten.

Von Frau Leistikow sollte ich den beiden nicht nur Grüße bestellen, sondern sie auch dazu überreden, Stettin zu verlassen und auch zunächst nach Klein Zastrow bei Greifswald zu kommen. Das lehnten sie aber beide entschieden ab. Begründung: Wie soll uns unser Sohn finden, wenn wir nicht mehr in Stettin sind?

Auch diese heile Familie hatte der Krieg schon vollkommen zerstört. Die Beiden wußten es damals nur noch nicht.

Ihr ältester Sohn war schon früh in Rußland gefallen. Dieser Verlust hatte sie sehr schwer getroffen. Nun hingen sie um so mehr an dem zweiten Sohn. Der war U-Boot-Fahrer, hatte viele Feindfahrten hinter sich und den Eltern noch im April 1945 geschrieben. Mit seiner Heimkehr rechneten sie fest. Das Warten auf ihn hielt sie in Stettin am Leben.

In einer kurzgefaßten Chronik zum ‚Seekrieg im Atlantik 1945' fand ich später folgende knappe Notiz:

> „April: Insgesamt 44 deutsche U-Boote laufen von Norwegen aus, um an der britischen Küste Aufstellung zu nehmen. Alle Boote sind mit Schnorchel ausgerüstet und bleiben fast während der ganzen Dauer des Unternehmens unter Wasser. Das Boot U 1199 bleibt z.B. ganze fünfzig Tage unter Wasser. Während der letzten fünf Wochen des Krieges versenken die deutschen U-Boote an der britischen Küste 10 Frachtschiffe mit 52000 BRT und 2 kleine Kriegsschiffe. Die eigenen Verluste betragen 23 U-Boote."[46]

In einem dieser Boote fand auch der jüngste Sohn des Ehepaares Tober noch im April 1945 vor der Ostküste Englands den Soldatentod. Frau Leistikow erfuhr das zuerst. Auf Dauer konnte sie diese schlimme Nachricht ihrem Bruder und ihrer Schwägerin nicht vorenthalten. Bald darauf starben die Beiden in Stettin. Das Leben hatte für sie seinen Sinn verloren.

Als ich im Juli 1945 bei ihnen übernachtete, bezogen sie ihren Lebensmut noch immer aus der Vorfreude auf das Wiedersehen mit ihrem Sohn. -

Am nächsten Tage suchte ich mein Elternhaus in Stettin-Braunsfelde auf. Es hatte den Krieg unbeschädigt überstanden. Alle Türen waren aufgebrochen. Man konnte von der Straße durch die Haustür, Windfangtür, Küchentür und durch eine doppelte Glastür bis in den Garten schauen. Plünderer zogen immer wieder durch die Räume, obwohl es inzwischen kaum noch etwas zu holen gab. Im Herrenzimmer stand nur noch der große Bücherschrank meines Vaters. Alle Bücher lagen auf dem Boden: Goethe, Schiller, Kleist, ... Viele Stiefel waren darauf herumgetrampelt. Da ich damals von meinen Angehörigen kein Bild besaß, suchte ich nur danach. Vergebens.

Auf der Straße traf ich einen etwa gleichaltrigen ehemaligen Spielkameraden, der mit seinen Eltern in ihr Reihenhaus zurückgekehrt war. Er sagte, daß meine Angehörigen nach dem Kriege nicht wieder in Stettin-Braunsfelde gesehen wurden. Deshalb konnte ich nun wieder an den Heimweg nach Klein Zastrow denken.

Wer damals Stettin in Richtung Westen verlassen wollte, fand sich zunächst in Stettin-Scheune ein. Über diesen kleinen Bahnhof wurden nach dem Ende des Krieges viele aus Ost- und Westpreußen und aus Ostpommern vertriebene Deutsche „ausgewiesen". Über Stettin-Scheune fuhren auch viele Güterzüge mit Beutegut für die Russen nach Osten. Auf diesem kleinen Bahnhof tat sich damals also immer etwas.

Vorsichtig näherte ich mich einer Gruppe, in der deutsch gesprochen wurde, und stellte mich dazu. Alle warteten auf eine Mitfahrgelegenheit. Einige - ich nicht - hatten

Gepäck. Vermutlich versuchten sie, Wertsachen zu retten. Im Abstand von etwa 100 Metern umkreisten uns polnische Plünderer wie die Hyänen. Sie ließen uns nicht aus den Augen. Endlich kam eine Lokomotive und spannte sich vor einen Güterzug mit überdachten Wagen. Das wirkte auf uns wie ein Signal. In kleinen Gruppen verteilten wir uns sofort auf mehrere Wagendächer.

Als der Zug anruckte, sprangen vorne auch die Plünderer auf. Während der vorerst noch langsamen Fahrt kamen sie von Wagen zu Wagen, entrissen den Deutschen einen Großteil des Gepäcks und warfen oder stießen es hinunter auf den Bahndamm. Dieser Überfall war für sie Routine. Sie brauchten dafür nicht viel Zeit, sprangen danach ab und sammelten ihre Beute ein. Da ich nichts besaß, hatte ich bei dieser Aktion auch nichts verloren.

In Pasewalk, damals gleichfalls ein wichtiger Bahnhof, mußten wir unseren Güterzug verlassen. Ich stieg um auf einen überfüllten Personenzug, dessen Wagendächer auch schon zum Teil besetzt waren. Dort oben fand ich noch einen guten Platz, auf dem ich in Gesellschaft problemlos einige Nachtstunden verbringen konnte. Auch die anschließende Fahrt nach Greifswald überstanden wir alle auf den Dächern gut. In der Nacht hatte es lediglich auf einem anderen Wagen einen Verletzten gegeben, als dieser vom Dach auf den Bahnsteig rutschte.

*

Eine zweite Suchreise unternahm ich alleine zu Fuß von Klein Zastrow nach Grimmen und Stralsund. Ich vermutete, daß dies der Fluchtweg meiner Angehörigen war, und hoffte, sie über Listen auf den Einwohnermeldeämtern finden zu können. Vergebens.

Erfolg hatte schließlich meine dritte Suchreise, wenn auch nicht sofort, sondern erst einige Monate danach Mitte April 1946.

Das ältere Ehepaar Vogt, mit dem meine Angehörigen geflüchtet waren, hatte nämlich einen Sohn, dessen Verlobte in Barby an der Elbe zu Hause war. Deshalb konnte es sein, daß sich inzwischen alle fünf - das Ehepaar Vogt und meine Angehörigen - dort eingefunden hatten.

In Barby an der Elbe traf ich aber nur die Verlobte und deren Mutter an. Den Vater hatten die Russen verhaftet. Sein Schicksal war ungewiß. Auch von dem Ehepaar Vogt und von meinen Angehörigen hatten sie noch nichts gehört.

Horst Vogt, der Verlobte, meldete sich später aus einem Gefangenenlager in Nordafrika. Von dort wurde er erst kurz nach der Währungsreform 1948 nach Bielefeld entlassen. Seine ehemalige Verlobte erwartete ihn dann nicht mehr. Sie hatte inzwischen einen Deutschen aus Barby geheiratet, dem es gelungen war, sie davor zu bewahren, von Russen vergewaltigt zu werden.

Beide Frauen, Mutter und Tochter, nahmen mich damals sehr gastfreundlich auf. Ich blieb über Nacht bei ihnen, hinterließ meine Adresse und reiste am nächsten Tage wieder ab. Meinen Rucksack hatten sie mir noch mit Salztüten gefüllt; denn das war uns in Klein Zastrow ausgegangen, in Barby aber gab es damals davon mehr als genug. Wie wichtig Salz für den Menschen ist, hatten wir erst gemerkt, als es im Brot und überall im Essen fehlte. Ich trug nun also eine wertvolle Last und fühlte mich mit meinem Salz reich.

Von der Heimreise bleibt mir nur noch die Strecke in Erinnerung, die ich auf dem Führerstand einer Lokomotive zurücklegte. In Eberswalde hatte sie auf dem großen Bahnhofsgelände meine Aufmerksamkeit auf sich gezogen, als sie gerade unter Dampf gesetzt wurde, um einen Zug aus Pasewalk abzuholen. Ich durfte dorthin mitfahren und „zahlte" dafür je ein Pfund Salz an den Lokomotivführer und an seinen Heizer.

24

Während meiner Reise nach Barby an der Elbe im Herbst 1945 hatte das Gymnasium in Greifswald wieder den Unterricht aufgenommen. Das war ein deutliches Zeichen für die beginnende Normalisierung der Verhältnisse im Lande. Frau Leistikow hatte daraufhin ihre beiden Söhne sofort dort angemeldet und sie in einer Pension untergebracht. Klaus und Hans waren also wieder Schüler.

Wie aber sollte ich mich verhalten? Landarbeiter wollte ich natürlich nicht bleiben. Das war nur eine kurzfristige Notlösung für die schlimme erste Nachkriegszeit in der sowjetischen Besatzungszone. Seit Ende Mai 1945 dachte ich deshalb immer wieder über meine Berufsfindung nach und dabei verfestigte sich der Wunsch, Volksschullehrer zu werden wie mein Vater. In Armenheide Kreis Randow hatte ich bei ihm schon viele Stunden in seiner einklassigen Dorfschule verbracht, als ich noch gar nicht schulpflichtig war. In den ersten drei Schuljahren war ich sein Schüler; und nicht nur hier, sondern später auch auf dem Schiller-Realgymnasium habe ich mich pudelwohl gefühlt. Den Beruf des Volksschullehrers stellte ich mir deshalb als „Traumberuf" vor.

Zu meiner Enttäuschung gab es damals in Greifswald für mich aber keine Möglichkeit, sofort gezielt eine solche Ausbildung zu absolvieren. Überall hörte ich, daß auch für diesen Beruf das Abitur unerläßlich sei. Deshalb meldete Frau Leistikow, diese tatkräftige, entschlußfreudige, gute Frau, auch mich auf dem Gymnasium an und besorgte auch mir eine Pension in Greifswald.

Nachdem ich Anfang März 1945 als Untersekundaner für zwei Monate Soldat geworden war, wurde ich ein halbes Jahr später also wieder Schüler, und zwar Obertertianer; denn alle Schüler wurden hier automatisch um eine Klasse zurückgestuft. Ausnahmen machte der Direktor ganz selten. Ich weiß nur von einem Fall, bei dem sich diese Entscheidung später als fragwürdig herausstellte.

Rückblickend muß ich sagen, daß der Unterricht, den ich hier bis Januar 1947 genoß, überhaupt nicht effektiv war. Da es damals noch keine entnazifizierten Schulbücher gab, bekamen wir auch keine in die Hand. Auch Schreibmaterial war schwer zu bekommen. Von den Lehrkräften ist mir nicht einer in Erinnerung geblieben auf Grund seiner Persönlichkeit oder im Zusammenhang mit einem vermittelten Stoff. Was uns damals geboten wurde, war ein Pseudo-/ein Pro-forma-Unterricht.

Ganz genau erinnere ich mich nur noch an zwei Klassenkameraden, die in unserer Obertertia wie Fremdkörper wirkten, weil sie im Gegensatz zu allen anderen wirklich schon erwachsen waren und das noch dadurch betonten, daß sie beide Uniformen trugen: der eine die feldgraue Uniform eine Offiziers vom Heer (mit Breecheshosen und Stiefeln), der andere die dunkelblaue Uniform eines Marinesoldaten (mit Colani/Überzieher). Nur der Hoheitsadler und die Rangabzeichen fehlten.

Beide waren unzertrennlich. Von ihren Klassenkameraden sonderten sie sich zwar nicht bewußt ab, aber auf Grund ihres Alters und ihrer Reife gehörten sie einfach nicht mehr zu uns. Sogar das Gestühl war für sie viel zu klein. Deshalb saßen sie in der letzten Bank der mittleren Reihe und streckten ihre langen Beine nach links und rechts in die Gänge aus. Noch heute sehe ich sie wie auf einem Foto deutlich vor mir in ihren gepflegten Uniformen, die ihnen gut standen und die sie so trugen, als ob das nicht ihre einzige, sondern ihre liebste Kleidung war.

Eines Tages erschienen sie nicht zum Unterricht. Schnell sprach sich herum, daß sie von den Russen verhaftet worden waren. Bald danach wurden sie noch einmal von weitem auf unserem Schulhof gesehen als Häftlinge bei der Arbeit. Sie mußten dabei helfen, die in Greifswald als Beutegut beschlagnahmten Radioapparate, die man zunächst in einer großen Baracke gelagert hatte, zum Bahnhof zu schaffen, wo sie für den Abtransport in die Sowjet-Union verfrachtet wurden. Hoffentlich haben diese beiden sympathischen jungen Männer die Gefangenschaft gesund an Leib und Seele überstanden.

Es passierte also auch in Schülerkreisen manches, woran wir Anstoß nahmen / was uns zu denken gab. Wir bemerkten auch die Einrichtung eines Spitzelsystems, ohne das die Russen sich die Kontrolle über ihre Besatzungszone offenbar nicht vorstellen konnten.

Besonders sensibel reagierte ich auf den Versuch, die Jugend marxistisch, leninistisch, kommunistisch zu beeinflussen. Als am 7. März 1946 die Freie Deutsche Jugend (FDJ) gegründet worden war, versammelte uns der Direktor in der Aula und forderte uns zum Eintritt in diese Organisation auf. Er ging sogar so weit, uns mit der Relegation zu drohen, falls wir uns weigerten. Nach meinen Erfahrungen mit der Nazi-Ideologie und mit deren führenden Vertretern empfand ich diese Zwangsmaßnahme für mich als unannehmbar.

Zu denken gab mir auch die Vereinigung von KPD und SPD zur Sozialistischen Einheitspartei Deutschlands (SED) im April 1946, gegen die sich relativ viele Sozialdemokraten gesträubt hatten, von denen man kurzerhand mehrere verhaftete. Was waren das nur für Methoden? Ich entdeckte zu viele Parallelen mit dem Nationalsozialismus und ging auf Distanz zu der neuen Ideologie. Niemandem sollte es gelingen, mich noch einmal für dumm zu verkaufen. Ich brauchte nach den bisher gemachten Erfahrungen keinen Vormund mehr, sondern traute mir zu, selber herauszufinden, was wahr und nach den Gesetzen von Sitte und Anstand richtig war.

25

Im April 1946 bekam ich Post aus Barby an der Elbe. Die Verlobte von Horst Vogt teilte mir mit, daß dessen Eltern sich aus dem Flüchtlingslager Oksbøl in Dänemark gemeldet hatten. Ich schrieb sofort dorthin und erhielt als Antwort einen Brief von meiner Mutter. War das eine Freude! Meine dritte Suchreise hatte also doch, wenn auch nicht gleich, zum Erfolg geführt.

Später erfuhr ich Einzelheiten über ihre dramatische Flucht.

Mehrere Tage vor Beginn der russischen Großoffensive am 20. April 1945 hatten deutsche Soldaten von der Abteilung ‚Fremde Heere Ost' des Generals Gehlen in Penkun Randsiedlung 4 im Garten der Villa, in der meine Mutter als Evakuierte wohnte, ihre Spezialfahrzeuge abgestellt, in denen sie rund um die Uhr den sowjetischen Funkverkehr abhörten. Sie waren über das Kampfgeschehen genau informiert; und als sie ihren Horchposten hinter das Randow-Bruch verlegen mußten, nahmen sie das ältere Ehepaar Vogt, meine Mutter und meine beiden Brüder dorthin mit. Es ist unwahrscheinlich, daß sie so spät noch auf andere Weise davongekommen wären.

Da die Sowjets danach über Prenzlau und Neubrandenburg sehr schnell auf Rostock vorstießen, konnten sich auch meine Angehörigen auf ihrer weiteren Flucht keine längere Pause gönnen. Besondere Probleme bereitete Herr Vogt. Wegen seiner Zuckerkrankheit hatte man ihm beide Beine amputieren müssen. Meine Brüder, damals 14 und 11 ¾ Jahre alt, mußten ihn also immer in seinem Rollstuhl fahren, ihn damit auf die unterschiedlichsten Transportmittel heben und wieder herunterholen: auf Lkws, Eisenbahnwagen und zuletzt auf ein kleines Schiff. Das war am 1. Mai im Rostocker Hafen, als die Russen in diese Stadt eindrangen. ‚Wilhelm Rust' hieß der kleine Schlepper, der dort buchstäblich in letzter Minute noch diese fünf Flüchtlinge an Bord nahm.

Zwischen Rostock und Warnemünde gerieten sie unter Beschuß. Alle legten sich flach auf das Deck. Nur Herr Vogt blieb schicksalsergeben in seinem Rollstuhl sitzen und berichtete, was er über die Bordwand hinweg sah: Russische Panzer hatten die Warne erreicht und schossen auf die vorbeiziehenden Schiffe, vor allem auf die größeren. Auch die ‚Wilhelm Rust' bekam mehrere Treffer und hatte Tote und Verwundete. Der Maschinenraum blieb jedoch heil. Man kam durch und gelangte so nach Schleswig-Holstein.

Hier waren bereits die Engländer, für die die unerwartet große Zahl der deutschen Kriegsgefangenen und der geflüchteten Zivilisten ein schier unlösbares Problem darstellte. Die Flüchtlinge auf der ‚Wilhelm Rust' ließ man deshalb nicht auch noch an Land gehen. Nur die Toten und Verwundeten durften von Bord gebracht werden.

Daraufhin nahm die ‚Wilhelm Rust' Kurs auf Apenrade in Dänemark, wo das deutsche Militär nach ihrem Eintreffen noch zwei Tage lang die Befehlsgewalt hatte. Anschließend wurden die hier „gestrandeten" Flüchtlinge von dänischen „Widerstandskämpfern" gefangen genommen und interniert.

Das Schicksal hatte es also mit meinen Angehörigen gut gemeint. Sie hatten auf ihrer Flucht sehr viel Glück gehabt, und Herr Vogt, der Rollstuhlfahrer, hatte außerdem noch meine beiden Brüder als Helfer. So nur ging es.

In dem Buch ‚Mecklenburg 1945' fand ich später die nachfolgende knappe Notiz:

> „In Apenrade (Dänemark) lagen wir Anfang Mai 1945 mit ‚Wilhelm Rust' zusammen. Soweit mir bekannt ist, war ‚Wilhelm Rust', der am 1. Mai 1945 von Warnemünde[47] mit Flüchtlingen ausgelaufen ist, noch unter russischen Panzerbeschuß genommen worden und hatte Tote und Verwundete an Bord."[48]

Selbstverständlich wünschte ich mir nun eine möglichst rasche Familienzusammenführung. Sie wäre auch schon 1946 möglich gewesen; allerdings nur in der sowjetischen Besatzungszone. Das wollte ich aber auf gar keinen Fall. Nach den bereits gemachten Erfahrungen konnte ich mir dort ein selbstbestimmtes, menschenwürdiges Leben einfach nicht mehr vorstellen. Ich bat meine Mutter deshalb darum, bis zu ihrer Entlassung in eine der Westzonen in Dänemark zu bleiben. Sie sollte nicht zu mir in den Osten kommen, sondern ich wollte lieber zu ihnen in den freien Westen ausreisen. Leider verzögerte sich unsere Familienzusammenführung dadurch erheblich. Erst als Dänemark diese Flüchtlinge nicht mehr länger haben wollte und sie in die BRD abschob, bekam meine Mutter Ende Oktober 1948 in Jerxen bei Detmold ein Notquartier, und ich konnte nach 3 ½ Jahren endlich heimkehren. Dennoch habe ich meine Entscheidung aus dem Jahre 1946 nie bereut.

26

Ineffektiv blieb der Unterricht auf dem Greifswalder Gymnasium bis zu meinem Weggang Ende Januar 1947 auch deshalb, weil er im Winter 45/46 und 46/47 für längere Zeit ausfiel. Der Grund: Brennstoffmangel. Die Schule konnte nicht geheizt werden.

Wir drei Jungen verbrachten auch diese zusätzlichen „Kohleferien" in Klein Zastrow und machten uns dort bei Bedarf nützlich. Besonders in Erinnerung geblieben sind mir Waldarbeiten für die Gemeinde, als es darum ging, Brennholz für den Winter herbeizuschaffen; auch der Abbau von Geleisen einer Kleinbahn, die mit allem Drum und Dran als Beutegut in die Sowjetunion geschafft wurde; und schließlich das Dreschen in der Scheune. Da Energieknappheit herrschte und der Strom tagsüber abgeschaltet wurde, mußten wir abends immer lange geduldig warten, bis das elektrische Licht anging. Dann eilten wir in die Scheune und halfen beim Dreschen, bis der Strom wieder abgeschaltet wurde.

So verlief mein Leben bis Mitte Januar 1947. Da erschien eines Tages plötzlich und unerwartet ein uniformierter deutscher Polizist auf dem Hof des Bauern Müller und fragte mich, ob ich Klaus Ulrich Leistikow sei. Ich verneinte und nannte meinen Namen. Er sagte, daß er den Auftrag habe, Klaus auf die deutsche Polizeiwache in Greifswald zu bringen. Ich sollte ihn herbeiholen. Er wollte solange in dem Zimmer von Frau Leistikow warten, die an diesem Tage mit ihrem Sohn Hans Besorgungen in der Stadt machte. Ich versprach, Klaus zu suchen.

Da ich wußte, wo er sich im Stall aufhielt, informierte ich ihn sofort über die ihm drohende Gefahr und riet ihm zur Flucht. An seiner Stelle hätte ich das sehr wahrscheinlich getan. Er aber entschied sich anders und lieferte sich dem Polizisten aus.

Als Frau Leistikow aus Greifswald zurückkehrte und gehört hatte, was vorgefallen war, machte sie sofort auf dem Absatz kehrt. Auf der Polizeiwache bekam sie den Bescheid, daß Klaus inzwischen den Russen übergeben worden war. Daraufhin eilte sie zum Direktor des Gymnasiums. Der konnte sie aber auch nur von seiner völligen Hilf- und Machtlosigkeit überzeugen.

Zwei oder drei Tage hörten wir von Klaus nichts. Dann kehrte er des Nachts, von den Haus- und Dorfbewohnern unbemerkt, nach Hause zurück und berichtete, daß er sich zum Schein zu Spitzeldiensten am Gymnasium verpflichtet hatte. Vor dem ersten Rapport wollte er zu Verwandten nach Castrop-Rauxel flüchten. So geschah es.

Nun drohte mir die gleiche Gefahr. Deshalb riet mir Frau Leistikow, mich auch sofort in den Westen abzusetzen.

Dafür brauchte ich unbedingt einen Ausweis, die sogenannte „Kennkarte"; denn man mußte damals in der sowjetischen Besatzungszone unterwegs immer mit Kontrollen rechnen. Ohne Ausweis war man verdächtig und besonders gefährdet.

In einem Fotogeschäft wollte ich mir das erforderliche Paßbild machen lassen. Der freundliche Besitzer durfte sein kostbares Filmmaterial aber nicht an Zivilisten verschwenden. Helfen wollte er mir trotzdem. Deshalb bestellte er mich nach Geschäftsschluß am späten Abend zu sich. In einem Nebenraum mußte ich still warten, bis er für die Russen mehrere deutsche Häftlinge fotografiert hatte. Dann setzte er auch mich auf den Häftlingsstuhl und machte mein Paßfoto, das am 22. Januar 1947 in die Kennkarte gedrückt wurde, die mir die Polizeidirektion Greifswald ausstellte.

*

Weitere Vorbereitungen für meine Flucht waren nicht nötig. Ich war damals abrufbereit von einem Augenblick zum anderen. Für meine früheren Suchreisen hatte man mir aus einem Kartoffelsäckchen einen kleinen Rucksack gemacht. Wichtig daran waren die breiten, aus einem zerschnittenen Kartoffelsack gefertigten Tragegurte. In dem Rucksäckchen befand sich etwas Wäsche zum Wechseln und meine Wegzehrung. Dieses bißchen Gepäck hätte ich mit dem kleinen Finger tragen können. Aber es kam wieder einmal anders.

Bauer Baeseler, der Verwandte von Frau Leistikow aus Klein Zastrow, hatte schon länger eine Fahrt zu seiner in Castrop-Rauxel verheirateten Tochter geplant, bei der sich jetzt auch Klaus aufhielt. Für ihn gab mir Frau Leistikow ein unhandliches, großes Bündel mit: Bett, Kopfkissen und Bettwäsche.

Herr Baeseler, mit dem zusammen ich in die englische Besatzungszone reisen wollte, trug vor allem Lebensmittel für seine Tochter, u.a. einen mit Roggenkörnern prall gefüllten, normalen Rucksack.

Da unser Zug nach Berlin morgens gegen sechs Uhr von Greifswald abfuhr, brachten Herr und Frau Leistikow uns auf vereisten, glatten Bürgersteigen bei Dunkelheit zum Bahnhof. Herr Leistikow, aus englischer Kriegsgefangenschaft nach Klein Zastrow heimgekehrt, und ich kamen viel schneller voran als die beiden anderen. Wir gingen deshalb voraus und warteten auf sie vergeblich in der Bahnhofsvorhalle. Als der Zug angesagt wurde, wollte Herr Leistikow nach ihnen schauen. Nun stand ich alleine da mit mehr Gepäck, als ich tragen konnte. Als der Zug einlief, schleppte und zog ich es durch die Sperre. Man half mir beim Einsteigen. Aus dem anfahrenden Zug suchte ich vom Fenster aus nach meinen Begleitern. Vergebens.

Was konnte da nur passiert sein?

Auf dem Bahnsteig des Stettiner Bahnhofs in Berlin blieb ich zunächst alleine zurück. Ich hoffte, daß jemand auf mich zukommen würde, um mir eine Mitteilung zu machen. Aber niemand kümmerte sich um mich. Wieder einmal mußte ich mit einer ungewöhnlichen Situation ganz alleine fertig werden.

Wenigstens hatte ich ein Reiseziel. Es war nicht Castrop-Rauxel, sondern Bielefeld. Dort lebte die Schwester von Frau Vogt. Zu ihr wollte sie sich mit ihrem beinamputierten Mann aus Oksbøl/Dänemark entlassen lassen. Deshalb wünschte sich auch meine Mutter Bielefeld als zukünftigen Wohnort „im Westen."

Um dorthin zu kommen, mußte ich in Berlin zunächst vom Stettiner Bahnhof zum Lehrter. Diese Strecke bewältigte ich ganz alleine zu Fuß, indem ich eine Hälfte „meines" Gepäcks voraustrug, nach etwa 30 Metern abstellte, die andere Hälfte holte, an der ersten vorbeitrug, nach weiteren 30 Metern abstellte usw. usf.

Auf dem Lehrter Bahnhof erfuhr ich, daß an diesem Tage kein Zug mehr nach Oebisfelde fuhr, daß aber bald der Kartenverkauf für den nächsten Tag beginnen werde.

Vor zwei Schaltern hatten sich bereits Menschentrauben gebildet. Mit „meinem" Gepäck konnte ich mich dort unmöglich anstellen. Ich brauchte also eine verläßliche Aufsichtsperson. Aufmerksam musterte ich die vielen Menschen ringsumher. Dabei fiel mir eine sympathische, junge Frau auf, die ich ansprach und die sofort bereit war, mir zu helfen.

Danach mußte ich noch lange warten, bis die Schalter geöffnet wurden und bis ich schließlich meine Fahrkarte erhielt. Die junge Frau hatte tatsächlich bei „meinem" Gepäck ausgeharrt. Damit nicht genug. Sie bestand darauf, daß ich bei ihr übernachtete. Ich mußte also die Zeit bis zu meiner Weiterreise am nächsten Tage nicht irgendwie auf dem Bahnhof überbrücken, sondern ich wurde statt dessen von ihr gastfreundlich aufgenommen und verwöhnt wie von einer Mutter.

Nach meinen Erfahrungen war die Hilfsbereitschaft damals in Deutschland ganz allgemein besonders groß. Wo immer ich wirklich Hilfe brauchte, habe ich sie bekommen. Wo immer ich helfen konnte, habe ich gerne geholfen.

*

Am nächsten Tag brachte mich meine hilfsbereite Gastgeberin zum Lehrter Bahnhof zurück. In Erinnerung geblieben ist mir vor allem die liebenswürdige Art, mit der sie überall, wo es not tat - wir mußten öffentliche Verkehrsmittel benutzen -, Mitmenschen dazu brachte, mir mit „meinem" vielen Gepäck zu helfen.

Auf dem Bahnsteig fand ich den Zug schon überfüllt vor. Ich sicherte mir deshalb einen Stehplatz auf dem Perron eines Personenzugwagens. Den kostbaren, mit Korn gefüllten Rucksack stellte ich auf dem Boden ab und befestigte ihn mit dem Tragriemen an einer Metallstange. Darauf setzte ich das unhandliche Bett-Paket, auf dem Platz genug war für mein Rucksäckchen und kleineres Handgepäck.

Als wir Berlin hinter uns hatten und in ländliche Gebiete kamen, stiegen schon viele Mitreisende aus. Vermutlich „Hamsterer"; denn es war ja noch die Zeit vor der Währungsreform. In den Städten herrschte Hungersnot. Deshalb versuchte man, auf den Dörfern Wertsachen gegen Nahrungsmittel einzutauschen.

Ich konnte nun also vom Perron vorrücken in ein Großraumabteil, das nur an den Wänden Sitzbänke und in der Mitte eine große, freie Fläche hatte. Hier standen wir anfangs eng beieinander. Dann aber gab es immer mehr Luft; und als wir uns schließlich Oebisfelde (der Zonengrenze) näherten, mußte niemand mehr stehen. Sogar auf den Holzbänken ringsum waren nicht einmal mehr alle Plätze besetzt.

Wer jetzt noch im Abteil saß, wollte „in den Westen". Stumm und mehr oder weniger unauffällig musterten wir einander.

Plötzlich sprach mich jemand an. „Ist das etwa alles Dein Gepäck?"

Ich antwortete wahrheitsgemäß und fügte hinzu: „Wenn das wirklich mein Gepäck wäre, hätte ich es schon längst irgendwo liegen gelassen. Da es mir aber nicht gehört, werde ich mich davon erst trennen, wenn es wirklich nicht mehr anders geht."

„Dieser Zeitpunkt ist nun gekommen," hörte ich ihn noch sagen; „denn damit kommst Du nie und nimmer zu Fuß von Oebisfelde nach Helmstedt über die grüne Grenze."

Wieder herrschte Schweigen im Abteil. Dann hatte jemand den Mut, zu fragen, ob unter uns ein wegekundiger Grenzgänger sei; und tatsächlich meldete sich einer, der gestand, schon mehrfach hin- und herübergewechselt zu sein. Ob man sich ihm wohl anschließen dürfe, lautete die nächste Frage. „Ja", sagte er; und diese positive Antwort galt für alle im Abteil, die einen Führer brauchten, also auch für mich.

Nachdem dieses Problem gelöst war, überlegte ich, von welchem Gepäck ich mich nun trennen sollte: von dem unhandlichen Bett-Paket oder von dem überschweren Rucksack mit den Roggenkörnern. Beides hatte sein Für und Wider, und meine Entscheidung war noch nicht gefallen, als der Zug auf dem Bahnhof Oebisfelde hielt. Man stand auf. Unter uns bildete sich das Bewußtsein aus, eine geschlossene Gruppe zu sein, die zum Glück einen kundigen Führer hatte, dem sie vertraute. Plötzlich griffen zu meiner Überraschung fremde Hände nach „meinem" Gepäck. Wieder fanden sich, wie schon so oft, Menschen, die spontan halfen.

Was sie sich damit aufgehalst hatten, zeigte sich erst unterwegs; denn wer vom Bahnhof Oebisfelde zu dem von Helmstedt bei Nacht in einem Bogen über die Zonengrenze schlich, mußte einen viele Kilometer weiten Weg zurücklegen, und mit Recht heißt es im Volksmund: Die Länge bringt die Last.

Das unhandliche Bett-Paket trug ich zusammen mit einem Helfer, den schweren Rucksack hatte einer alleine geschultert. Schon bald wurde er ihm lästig. Verständlich also, daß der Träger sagte: „Nun ist es genug. Ich werfe diese Last ab."

Meine Antwort: „Wenn Sie es tun, einverstanden. Dagegen kann ich nichts vorbringen. Die Entscheidung liegt alleine bei Ihnen."

Da ich jedoch das Bett-Paket nicht losließ, behielt er auch den schweren Rucksack auf seinem Kreuz und quälte sich damit über die Grenze. In Oebisfelde konnte ich mich dafür „im Namen des Empfängers" nur mit dürren Worten bedanken. Aber eine gute Tat trägt ja bekanntlich ihren Lohn schon in sich.

Auf dem Helmstedter Bahnhof genoß ich zunächst das herrliche Gefühl, frei zu sein. In der Sowjetzone hatte ich es nie. Zeitweise war ich sogar gefährdet; und eines wußte ich damals schon genau: Man hätte mich auch „drüben" einmal gut brauchen können. Irgendwelche Funktionäre hätten irgendwann bestimmt, als welches Rädchen ich in ihrem gesellschaftlichen Getriebe hätte funktionieren müssen. Bei meiner tiefen Abneigung gegen deren Ideologie war das eine beängstigende Vorstellung.

Im Freien Westen, sagte ich mir, würde es nun ganz alleine von mir abhängen, welche Ziele ich mir steckte, ob ich sie auch erreichte, was ich aus meinem Leben machte. Eine wunderbare Vorstellung; und tatsächlich kam mir damals sogar der Gedanke: Lieber hier in Freiheit einmal in der Gosse untergehen, als drüben unfrei und ständig bevormundet leben zu müssen. Ich war kein potentieller Bürger für den sowjetrussischen Satellitenstaat DDR, der sich langsam herauszubilden begann.

Weiter ging die Fahrt über Hannover nach Bielefeld. Dort gab ich auf dem Bahnhof „mein" Gepäck bei der Aufbewahrung ab und ging - endlich wieder einmal unbeschwert - in die Stadt. Was ich suchte, war das Feinkostgeschäft Heitmeier, dessen Besitzer der Schwager von Frau Vogt war, der Fluchtgefährtin meiner Mutter. Frau Heitmeier hatte bereits ihren Bruder und dessen Frau, Flüchtlinge aus Frankfurt/Oder, bei sich aufgenommen. Bei diesem kinderlosen Ehepaar (mit Hund) fand ich mein nächstes Zuhause.

27

Auch meinen Bielefelder Pflegeeltern verdanke ich sehr viel . -

Die erste Frage dort war, wo sich für mich noch ein Bett aufstellen ließ; denn das Ehepaar Berthold bewohnte damals selber nur ein Zimmer, in dem dafür kein Platz mehr war. Hilfe kam von einer Flüchtlingsfamilie aus Schlesien, die mit ihren Kindern die ehemaligen Dienstmädchenkammern unter dem Dach dieses Hauses bewohnte. In die schmale Schlafkammer ihres etwa 18 jährigen Sohnes konnte auch für mich noch ein Bett geschoben werden. Damit war sie vollständig ausgefüllt.

Natürlich wollte ich mir mit irgendeiner Arbeit mein täglich Brot sofort selber verdienen bis zur Entlassung meiner Mutter aus dem dänischen Internierungslager. Andererseits bestand für mich die Möglichkeit, in der Abschlußklasse einer Mittelschule die letzten vier Wochen zu verbringen und dort ein Zeugnis der Mittleren Reife zu erwerben. Das hielten auch meine neuen Pflegeeltern für das Beste.

Klassenlehrer war Friedrich Oberschelp, der damals auch den Bielefelder Kinderchor leitete, den er weit über die Grenzen der Stadt hinaus bekannt machte.

Nach diesem raschen Schulabschluß stand ich vor dem schwierigen Problem der richtigen Berufswahl. Eigentlich hatte ich ja Volksschullehrer werden wollen wie mein Vater. Aber ließ sich dieser Wunsch unter den gegebenen Umständen tatsächlich verwirklichen? Zwei wie mir schien sehr hohe Hürden mußten dafür ja noch überwunden werden: die Oberstufe des Gymnasiums und die Pädagogische Akademie. Eine fünfjährige (!) Ausbildungszeit.

Meine neuen Pflegeeltern wollten es auf einen Versuch ankommen lassen und meldeten mich zu Beginn des neuen Schuljahres als Obersekundaner auf dem Helmholtz-Gymnasium an.

Doch zurück zu meiner Flucht aus der sowjetischen Besatzungszone.

Noch vor meinem Besuch der Bielefelder Mittelschule hatte ich „mein" für Klaus-Ulrich Leistikow und seine Verwandten bestimmtes Gepäck in Castrop-Rauxel vollzählig abgeliefert und bald danach auch erfahren, wie mir am 23. Januar 1947 auf dem Greifswalder Bahnhof meine drei Begleiter verloren gingen:

Gleich nachdem Herr Leistikow und ich damals die Bahnhofshalle betreten hatten, war ein Polizeiposten vor dem Eingang aufgestellt worden, der alle Reisenden kontrollierte. Frau Leistikow und Herr Baeseler, ihr angeheirateter Verwandter aus Klein Zastrow, die auf den glatten Bürgersteigen nur langsam und vorsichtig hatten gehen können, gehörten zu den ersten, die festgehalten wurden und im Polizeirevier befragt werden sollten. Als Herr Leistikow mich in der Halle verließ und nach ihnen schauen wollte, wurde er gleich mit vereinnahmt. Das anschließende Verhör auf dem Revier war zwar nur kurz, und man ließ die drei Alterchen auch gleich wieder gehen, aber es war ihnen dann nicht mehr möglich, mich über diesen Vorfall zu informieren.

Wer weiß, was mit mir geschehen wäre, wenn auch ich mit meiner am Tag zuvor ausgestellten Kennkarte von der Polizei kontrolliert und befragt worden wäre?

Ich hatte wohl doch wieder einmal Glück gehabt.

*

Mein erster Schultag als Obersekundaner zu Beginn des Schuljahres 1947/48 nach den Osterferien auf dem Bielefelder Helmholtz-Gymnasium hielt eine ganz besondere Überraschung für mich bereit.

Es war mein 7. und vorletzter kriegs- und nachkriegsbedingter Schulwechsel. Wie gewohnt betrat ich das mir zugewiesene Klassenzimmer nach einer Pause noch vor dem Fachlehrer und blieb neben der Tür stehen. Da rief jemand plötzlich aus der hintersten Ecke: „Mensch, Werner! Wo kommst Du denn her?" Im nächsten Augenblick sprang er von Tisch zu Tisch von hinten auf mich zu, von oben auf mich herab und umarmte mich heftig. Es war der „Seemann" Günter Frings, mein ehemaliger Klassenkamerad vom Schiller-Realgymnasium in Stettin. Er (Jg. 27) hatte das Kriegsende bei der Marine überlebt, war bei seinen Großeltern in Hillegossen untergekommen und strebte nun gleichfalls das Abitur an. Zufälle gibt's!

Wie er mir sagte, hatte er den zum Mogeln am besten geeigneten Platz der Klasse. Sofort sorgte er dafür, daß ich sein Nebenmann wurde. Günter hatte also, das merkte ich gleich, unsere alte Schülermentalität beibehalten. Was waren wir in Stettin doch für Mogelkünstler gewesen! Allerdings war das, was uns dort in den letzten Kriegsjahren und 1946 in Greifswald als Unterricht geboten wurde, auch nicht wert gewesen, ernst genommen zu werden.

Nun war das etwas anderes. Ich hatte eine Grundsatzentscheidung getroffen: Gemogelt wird ab sofort nicht mehr. Lieber wollte ich eine ehrliche 5 schreiben als eine unehrliche 4 oder sogar eine noch bessere Note.

Das Bielefelder Helmholtz-Gymnasium war eine leistungsstarke Schule, deren ausschließlich männliche Lehrkräfte, angeführt von Oberstudiendirektor Dr. Rüping, meinem Physiklehrer, mir fast alle als vorbildliche Persönlichkeiten in Erinnerung blieben. In keinem Fach erlebte ich dort Unterrichtsgeschwätz. Auch an kranke Lehrer und an Unterrichtsausfall kann ich mich nicht erinnern. Auf diese Lehrer konnten wir uns verlassen. Sie konfrontierten uns ohne Abstriche mit dem Stoff der Obersekunda, den sie methodisch geschickt vermittelten. Welch ein Unterschied zu dem sogenannten Unterricht, den ich 1943-47 in Stettin und Greifswald genossen hatte!

Kein Wunder, daß mir sehr schnell klar wurde, wie unglaublich groß in allen Fächern meine Wissenslücken waren. Eigentlich war ich als Obersekundaner ein hoffnungsloser Fall. So sahen es wohl auch meine sympathischen, tüchtigen Lehrer; denn auf dem Herbstzeugnis bekam ich die Note mangelhaft in Mathematik, Latein,

Englisch, Biologie und Zeichnen, wobei mein Lateinlehrer, ein aus Schlesien geflüchteter Oberstudiendirektor, mich allerdings noch wissen ließ, daß ich mich bei ihm bereits von ungenügend auf mangelhaft verbessert hatte. Aber das konnte natürlich kein Trost sein.

Verständlich wäre es nun gewesen, wenn mein Pflegevater mich daraufhin von der Schule genommen hätte. Das tat er aber nicht, sondern er ging statt dessen zu meinem Klassenlehrer Dr. Spiekerkötter (Biologie) und beschrieb ihm die Rahmenbedingungen, unter denen ich damals in Bielefeld lebte und das Gymnasium besuchte.

Da meine Bettstelle in einer sehr kleinen Mädchenkammer unter dem Dach nicht als Wohnsitz anerkannt werden konnte, bekam ich monatelang keine Zuzugsgenehmigung, sondern nur eine Aufenthaltsgenehmigung, die allerdings im 4-Wochen-Takt mehrfach verlängert wurde, was Voraussetzung für den Bezug einer Lebensmittelkarte war.

Mein einziger Aufenthaltsraum in der unterrichtsfreien Zeit war das Arbeits-, Wohn- und Schlafzimmer meiner Pflegeeltern, das sie mit ihrem über alle Maßen verwöhnten Foxterrier teilten.

Diese unmöglichen Arbeitsbedingungen änderten sich auch nicht, als mein Pflegevater, ein Versicherungskaufmann, mir mit einem Trick die Zuzugsgenehmigung verschaffte. Eine hilfsbereite Familie, die ein Einfamilienhaus mit Giebeldach bewohnte, war bereit, mir eine schwer zugängliche, sehr kleine Abstellkammer mit einem runden Guckloch unter dem spitzen Dach als „Zimmer" zu „vermieten". Ich habe diese Kammer nie gesehen, geschweige denn bewohnt. Auf dem Papier aber war sie mein Wohnsitz, und das reichte als Voraussetzung für meine Zuzugsgenehmigung.

Mein Pflegevater hatte Herrn Dr. Spiekerkötter auch über mein Kriegs- und Nachkriegsschicksal informiert, und er schloß mit den Worten: „Daß er so schlecht ist, wie es das Zeugnis vermuten läßt, glaube ich einfach nicht!"

Der Klassenlehrer zeigte sich beeindruckt. Das hatte er ja alles nicht gewußt. Plötzlich sah er mich mit anderen Augen nicht mehr als hoffnungslosen Fall, sondern als einen Schüler, der wohl noch eine weitere Chance verdient hatte.

Jedenfalls kam mein Pflegevater glücklich und zufrieden von dieser Unterredung heim. Es hatte sich herausgestellt, daß beide Hauptmann der Reserve waren. Bestimmt war ich also nicht das einzige Gesprächsthema gewesen.

Nach den Herbstferien wurde ich von Dr. Spiekerkötter, der mir die 5 in Biologie verpaßt hatte, getestet. Er brachte mir einen Stapel Bücher mit zum Thema Virenforschung. Darüber sollte ich in der Oberstufen-AG Naturwissenschaften einen Vortrag halten. Daß davon viel abhängen würde, ahnte ich. Entsprechend gründlich bereitete ich mich vor. Es war der erste Vortrag meines Lebens. Ich hielt ihn völlig frei und blieb auch bei der anschließenden Diskussion keine Antwort schuldig. Das hatte mir niemand zugetraut.

Wann immer Dr. Spiekerkötter noch nach Jahren meinen Pflegevater zufällig in Bielefeld traf, kam er zuerst auf diesen Vortrag zu sprechen; und auch ein ehemaliger Klassenkamerad, den ich 52 Jahre danach wieder einmal traf, erinnerte mich von sich aus an dieses Ereignis, das auch ihn damals sehr beeindruckt hat und das er nicht vergessen kann.

Von da ab ging's bergauf. Ein halbes Jahr später wurde ich mit nur noch einer 5 in Latein und einer 2 in Biologie als Ausgleich in die Unterprima versetzt.

*

Erfolglos blieben dagegen meine Bemühungen um die Entlassung meiner Angehörigen aus dem dänischen Internierungslager Oksbøl. Im nachhinein kann ich das verstehen. Bielefeld war im Krieg sehr stark zerstört worden. Ausreichend Wohnraum war 1947/48 noch immer nicht vorhanden. Neu geschaffene Wohnungen wurden deshalb bevorzugt an Menschen vergeben,die tatkräftig mithelfen konnten beim Wiederaufbau der Stadt. Eine Witwe, die ihre drei Söhne weiter zur Schule schicken wollte, hatte da keine Chance. Unsere Familienzusammenführung ließ deshalb noch auf sich warten bis Anfang November 1948. Dann hatten die Dänen die Geduld mit den internierten deutschen Flüchtlingen verloren, und man schob sie einfach in die BRD ab, obwohl man sie hier noch immer nicht haben wollte.

Erste Durchgangsstation für meine Angehörigen war Siegen, wo wir uns nach 3 ½ jähriger Trennung endlich wiedersahen.

Den zweiten Kurzbesuch machte ich bei ihnen in Pivitsheide bei Detmold, weil sie zu einer Gruppe von Flüchtlingen gehörten, die auf die Region Lippe verteilt werden sollte.

Einige Tage später wurden meine Angehörigen zum letzten Mal verladen; diesmal zusammen mit anderen Familien auf einen Lkw, der sie zu ihrem Notquartier bringen sollte.

Wie mir meine Mutter erzählte, fuhren sie über viele Dörfer. Überall blieben Familien zurück. Als der Wagen zuletzt auf einem Bauernhof in Jerxen bei Detmold hielt und auch meine Mutter mit ihren beiden Söhnen absteigen wollte, hieß es: „Bitte, warten Sie noch ein bißchen."

Begründung: Der Bauer weigerte sich hartnäckig, unterstützt von seinem Bruder, dem Bürgermeister, sie aufzunehmen. Erst als eine vorgesetzte Regierungsbehörde Polizei schickte, räumte der Bauer ein als Büro getarntes Zimmer aus und stellte es widerwillig völlig kahl zur Verfügung. Das erste Geld gab meine Mutter deshalb bei ihm für ein teures Bund Stroh aus, damit sie nicht auf dem nackten Fußboden schlafen mußten. Bei dieser Gelegenheit verriet man ihr auch, daß sie alle Hühnernester unter Kontrolle hatten und einen Eierdiebstahl sofort bemerken würden.

Auch dieser Anfang wurde uns, vor allem meiner Mutter, also sehr, sehr schwer gemacht.

Einige Tage später reiste ich aus Bielefeld an und zog als Vierter in das kleine Einzelzimmer.

Von der Flüchtlingshilfe erhielten wir einen eisernen „Kanonenofen", den meine Mutter als Kochstelle benutzen mußte, außerdem drei eiserne Bettgestelle, obwohl das Zimmer nur Platz für zwei hatte. Eine Aufsichtsbehörde setzte deshalb später durch, daß der Bauer uns ein weiteres Zimmer abgab als Schlafraum für uns drei Brüder.

Dieses Notquartier blieb 5 ½ Jahre lang unsere Behausung, bis ich im März 1954 nach knapp zweijähriger Lehrertätigkeit in Bielefeld endlich so weit war, daß ich meinen Angehörigen hier in einem Neubau knapp 9 Jahre nach Kriegsende die erste richtige Wohnung besorgen konnte: 3 Zimmer, Küche, Bad (!), Balkon und Keller.

Von Jerxen aus hatten wir das Gymnasium in Detmold besucht, wo wir 1950, 52 und 54 das Abitur machten.

Jerxen blieb auch mein erster Wohnsitz, als ich von 1950-52 in Lüdenscheid eine Pädagogische Akademie besuchte und anschließend in Bielefeld eine Planstelle als Volksschullehrer erhielt.

Doch zurück zu meinem 8. und zugleich letzten kriegs- und nachkriegsbedingten Schulwechsel von Bielefeld nach Detmold. Herr Dr. Spiekerkötter war damals noch immer mein Klassenlehrer auf dem Helmholtz-Gymnasium. Das von ihm ausgestellte Abgangszeugnis trägt das Datum vom 6. November 1948. Fünf Mal findet sich darauf die Note 2. Ich hatte mich also weiterhin verbessert. Der einzige Schönheitsfehler - eine 5 in Latein - stammte von dem aus Schlesien geflüchteten Oberstudiendirektor. Diese Note war zweifellos nicht mehr gerechtfertigt; denn mein nächster Lateinlehrer, Studienrat Muntschik auf dem Leopoldinum in Detmold, der mir vorurteilsfrei entgegentrat und mich nicht nach meiner letzten Note fragte, gab mir knapp fünf Monate später auf dem Versetzungszeugnis in die Oberprima in Latein die Note 2, die auch auf dem Abiturzeugnis wieder auftauchte.

Sieben Jahre später begann ich in Marburg/Lahn mit dem Studium der Latinistik und Germanistik. Ich bestand das 1. Staatsexamen auch im Fach Latinistik mit der Note ‚gut' und promovierte magna cum laude (sehr gut) zum Dr. phil. In meiner Dissertation hatte ich ein ungelöstes Problem der Älteren Germanistik - die sogenannten „sprachlichen Verstöße" bei Otfrid von Weißenburg - ein für alle Mal mit Hilfe der lateinischen Theorie der Dichtung lösen können.

Anschließend unterrichtete ich dieses Fach sieben Jahre lang mit wachsender Freude am Gymnasium, bis mir zum WS 71/72 von der Pädagogischen Hochschule Karlsruhe ein Lehrstuhl für Didaktik und Methodik des Deutschunterrichts angeboten wurde, den ich annahm.

In keinem anderen Fach hatte ich zu Beginn der Obersekunda bei meinem schulischen Neuanfang 1947 so große Lücken wie in Latein. Für dieses Fach habe ich am meisten arbeiten müssen. Dadurch wurde es mir aber nicht verhaßt, sondern im Gegenteil immer lieber. Ich erlebte an mir selbst dessen formalen und materialen Bildungswert und steckte mir deshalb als Allround-Volksschullehrer das weiterreichende Ziel, Deutsch- und Lateinlehrer am Gymnasium zu werden. Diese Entwicklung hatte also auch mein Bielefelder Lateinlehrer nicht nachhaltig beeinträchtigen können. Ganz bestimmt aber war es gut, daß mich mein letzter Schulwechsel von ihm befreite.

Übrigens gab die Familie des Bauern, bei dem wir in Jerxen einquartiert worden waren, die negativen Vorurteile, mit denen sie uns anfangs begegnet war, sehr schnell auf. Ebenso wie die Bäuerin verstand auch meine Mutter viel von der Anlage und Pflege eines Blumen- und Gemüsegartens. Vielleicht kam es auf diesem Wege schon bald zu dem Verständnis füreinander, das bis zuletzt anhielt. Auch deren erstes Enkelkind, ein Mädchen, wird dazu beigetragen haben. Es hielt sich tagsüber am liebsten bei meiner Mutter auf, die an der Kleinen große Freude hatte. Als ich dann 1952 kurz vor meinem 1. Lehrerexamen stand, wollte man meine Mutter sogar mit einer Verwandten bekannt machen, die auf dem Lande irgendwo einen Kolonialwarenladen und drei Töchter im heiratsfähigen Alter hatte. Selbstverständlich ging sie nicht darauf ein. Aber gefreut hat sie dieses Angebot doch; denn es zeigte deutlich, daß uns die Einheimischen nun nicht mehr als lästige Flüchtlinge betrachteten, sondern als Mitbürger respektierten. Eigentlich war meine Mutter erst jetzt im „Freien Westen" wirklich angekommen.

28

Der Umzug von Jerxen bei Detmold nach Bielefeld im März 1954, vom Lande in die Stadt, aus einem Notquartier in eine richtige Wohnung verbesserte die Lebensumstände unserer Familie außerordentlich.

Mein jüngster Bruder hatte in Detmold gerade das Abitur bestanden. Nun konnte er in Bielefeld zu Hause wohnen und in Bethel bei Bielefeld die ersten drei Semester Ev. Theologie absolvieren.

Nach dem Studium der Betriebswissenschaft in Köln wohnte auch der andere Bruder zunächst zu Hause, als er bei den Anker-Werken in Bielefeld seine Berufstätigkeit aufnahm.

Ich hatte den Vorteil der Nähe zum Arbeitsplatz; denn unsere Neubauwohnung lag in meinem Schulbezirk.

Am meisten aber freute mich diese positive Veränderung für meine Mutter, die elf Jahre nach ihrer Evakuierung von Stettin nach Penkun, nach ihrer dramatischen Flucht vor den Russen, nach 3 ½ jähriger Internierung in Dänemark und nach 5 ½ schweren Anfangsjahren in der Bundesrepublik endlich wieder in häuslichen Verhältnissen leben konnte, wie sie sie davor gewöhnt war. Mein damals kleines Lehrer-Anfangsgehalt und ihre kleine Lehrerwitwenpension bildeten für uns vier die wichtigste materielle Grundlage.

Eines Tages sprach mich auf dem Schulhof bei der Pausenaufsicht eine Grundschülerin an.

„Du, Herr Nemitz, ich weiß, wo Du wohnst."
„Wirklich?"
„Ja, in dem neuen Haus in der Heeper Straße, wo im 2. Stock keine Gardinen sind."

Das stimmte, machte aber nichts, da die gegenüberliegende Straßenseite nicht bebaut war. Wichtig war, daß es aufwärts ging mit uns. Alle drei Söhne hatten eine gute Berufs- und Lebensperspektive. Ich unterrichtete nicht nur an einer Volksschule und war zufrieden in meinem Beruf, sondern ich besuchte nebenbei an der Bielefelder Pädagogischen Akademie Realschullehrerkurse in den Fächern Deutsch und Latein; denn inzwischen hatte ich mein nächstes Berufsziel - Gymnasiallehrer - fest im Auge. Mit dem Beginn dieses Universitätsstudiums mußte ich allerdings warten, bis meine beiden Brüder fertig waren. In dem Realschullehrerstudium sah ich deshalb nur eine Übergangslösung, eine Trainings- und Vorbereitungseinheit für das angestrebte Universitätsstudium, das ich sieben Jahre nach dem Abitur im SS 57 aufnehmen konnte.

Nur wenige Wochen nach unserem Einzug in die Neubauwohnung besuchte uns mein etwa gleichaltriger Vetter Kurt Latotzke, den es 1945 mit seinen Eltern und dem jüngeren Bruder Karl von ihrem Rummelsburger Bauernhof nach Berlin (später Ostberlin) verschlagen hatte. Er war bereits Ingenieur, jung verheiratet und hatte sogar schon ein eigenes Auto: einen gebrauchten Mercedes. Damit bereiste er zusammen mit seiner Frau, seinen Eltern und mit unserem Opa Kautz die durch den Krieg über die DDR und BRD verstreute hinterpommersche Verwandtschaft.

Für den Opa und für Tante Marie, die Schwester meines Vaters, hatten wir in Bielefeld Betten. Alle anderen bekamen ein Lager in dem noch weitgehend leeren Wohnzimmer auf dem Teppichboden.

Die Wiedersehensfreude nach elf Jahren war groß, und viel, sehr viel gab es zu erzählen.

Da mein Vater (Albert Nemitz, Jg. 1890) sieben Geschwister hatte, die 1945 alle im Umkreis von Bütow wohnten und ihre Heimat verlassen mußten, sind deren Vertriebenenschicksale geradezu exemplarisch:

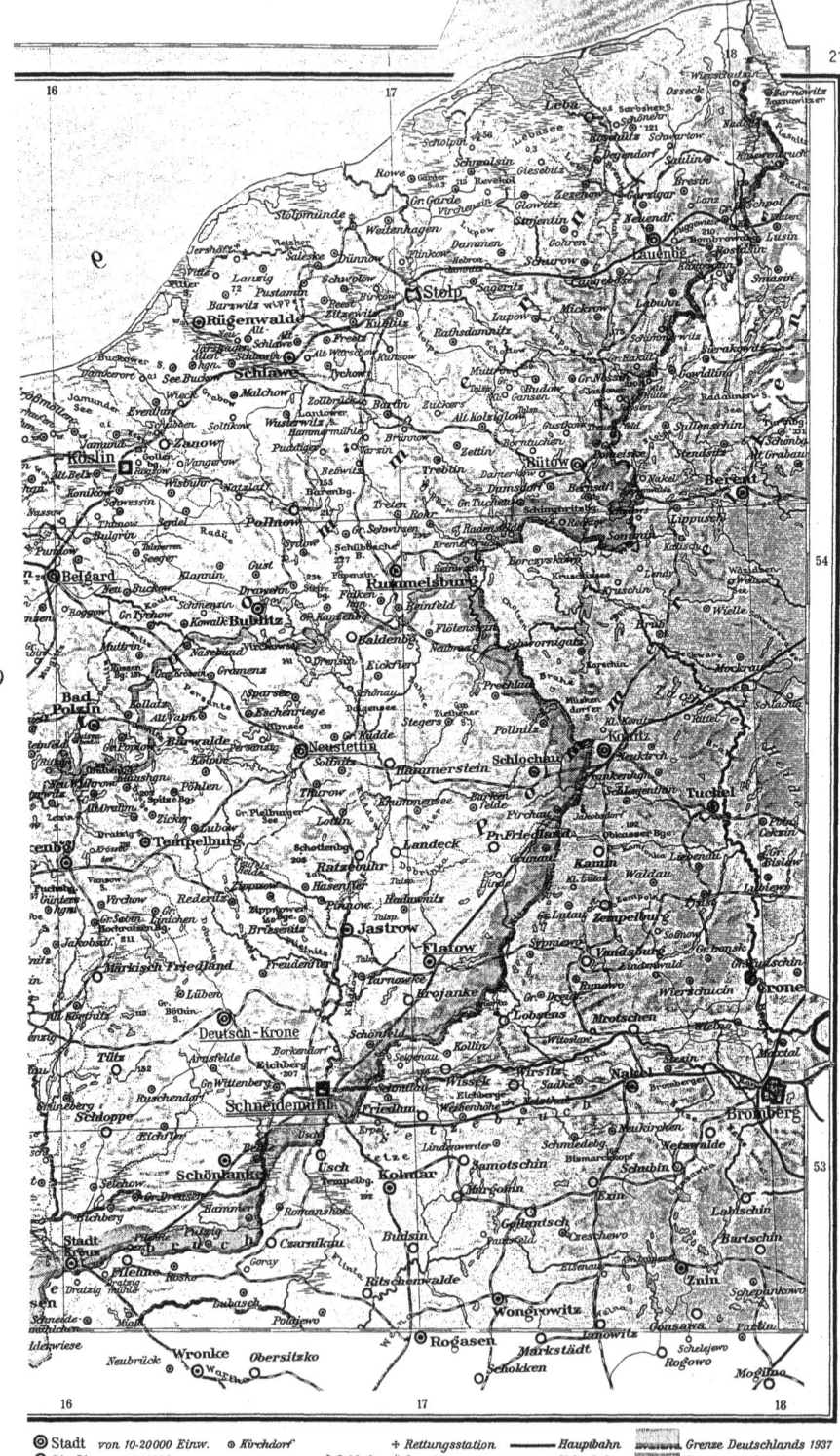

Abb.9

Max Nemitz (Jg. 1888), 1945 Hauptlehrer in Radensfelde;

Marie Nemitz (Jg. 1892), verheiratet mit dem Bauern Karl Latotzke, dessen Hof am Stadtrand von Rummelsburg lag;

Paul Nemitz (Jg. 1895), Bauer in Moddrow Kreis Bütow;

Martha Nemitz (Jg. 1899), verheiratet mit dem Gutsinspektor Gerhard Schlätker in Damerkow bei Bütow;

Minna Kautz (Jg. 1902), verheiratet mit dem Baumeister Christian Gatermann in Groß Tuchen;

Luise Kautz (Jg. 1904), verheiratet mit dem Bauern Paul Selke in Borntuchen Kreis Bütow;

Johannes Kautz (Jg. 1905), Bauer (Hoferbe) in Damerkow bei Bütow.

1899 war mein Großvater Albert Nemitz innerhalb weniger Tage an einer schweren Lungenentzündung gestorben, die er sich zugezogen hatte, als er bei strömendem Regen einem Nachbarn beim Decken seiner Scheune half. Das war ein sehr schwerer Schicksalsschlag für meine Großmutter, der nun plötzlich nicht nur der Ehemann und Vater ihrer fünf kleinen Kinder fehlte, sondern auch der Bauer auf einem 110 Morgen großen Hof, auf dem das Leben weiterging.

Als Helfer in der Not erschien sofort ein noch unverheirateter Bruder der Großmutter aus Reckow. Das war eine gute Übergangslösung für die Zeit, bis sie ein zweites Mal heiratete.

Opa Kautz war ein großartiger Mensch, der nicht nur von seinen acht Kindern und den vielen Enkelkindern gleichermaßen geliebt und geschätzt wurde. Weil er nicht als Hoferbe auf die Welt gekommen war, ging er, wie andere junge Männer aus Pommern auch, nach Amerika, um dort das Geld zu verdienen, mit dem man zu Hause einen eigenen Hof erwerben konnte. Mit diesem Vorsatz und dem dafür erforderlichen Kapital war er gerade aus Amerika zurückgekommen, als bei meiner Großmutter das Trauerjahr vorüber war. Daß er daraufhin seinen Vorsatz aufgab, statt dessen diese Witwe mit den fünf kleinen Kindern heiratete, nur wenige Jahre später für acht Kinder sorgen mußte und 38 Jahre lang bis zum Tode der Oma 1939 mit ihr glücklich zusammenlebte, spricht für beide Ehepartner.

Bei diesen sieben Geschwistern meines Vaters im Umkreis von Bütow verlebte ich als Kind bis 1943 regelmäßig meine Sommerferien, in einem Alter also, in dem das Leben auf dem Lande, vor allem auf dem Bauernhof, auch für Stadtkinder faszinierend ist. Auf meinen Erinnerungsbildern sehe ich mich hoch oben auf dem beladenen Erntewagen, als „Assistent" bei der Arbeit mit den Pferden, beim Hüten der Kühe und Gänse mit den Vettern, beim Baden in einem der vielen Seen, beim Pilzesammeln im Wald, beim Brotbacken im Backhaus. Noch heute glaube ich das frischgebackene Brot riechen und die für uns Kinder geformten Brötchen schmecken zu können. Auf diese Weise bekam auch ich einen starken emotionalen Bezug zu der hinterpommerschen Heimat meines Vaters, in der er auch dann noch fest verwurzelt blieb, als er sich seinen drei Söhnen zuliebe in die Stadt Stettin versetzen ließ.

Wie man sagte, gingen in Hinterpommern die Uhren langsamer als anderswo. An der allgemeinen Entwicklung, z.B. der technischen auf dem Bauernhof, nahm man nicht sofort, sondern nur zögernd „nach einer Bedenkzeit" teil. Dieses Verhalten war typisch für den hier seit Jahrhunderten ansässigen Menschenschlag, der bedächtig, ruhig, fleißig, ehrlich und verläßlich war, aber nicht dumm. Der lustige Reim „Im Winter ist der Pommer noch dümmer als im Sommer" ist in seiner Aussage jedenfalls absolut falsch.

Auch der Krieg erreichte Hinterpommern erst ganz zuletzt. Als Stettin seit 1943 schon stark unter regelmäßigen Bombenangriffen litt, lebte und arbeitete man dort noch wie im tiefsten Frieden. Der Krieg brachte sich hier lange Zeit eigentlich nur durch Evakuierte, zum Beispiel aus dem Ruhrgebiet, und durch die wachsende Zahl der an der Front Gefallenen in Erinnerung, die auch in der pommerschen Bevölkerung überall schmerzliche Lücken hinterließen.

Das änderte sich erst, als die sowjetrussischen Armeen im Osten die deutschen Landesgrenzen überschritten. Treckwagen der Flüchtlinge zogen nun durch Hinterpommern und lösten zunehmend Besorgnis aus. Aber die Front ließ hier noch einen Monat auf sich warten; denn der schnelle Vorstoß der Panzer des Marschalls Schukow von der Weichsel zur Oder vom 14. bis 31. Januar 1945 war weit genug im Süden von Bütow an diesem Teil Hinterpommerns vorbeigegangen. Erst als die beiden Marschälle Rokossowski und Schukow mit starken Verbänden zum Angriff auf Danzig antraten, rückte die Front von Süden her unaufhaltsam auf den Kreis Bütow zu. Auch der Heldenmut der hier kämpfenden 32. pommerschen „Löwen"-Division, unterstützt von der aus den Abwehrkämpfen bei Elbing herbeigeholten 7. Panzer-Division des Generalleutnants Dr. Mauss, konnte den russischen Vormarsch nicht mehr aufhalten, sondern nur verzögern und dadurch die Fluchtchancen für die Zivilbevölkerung verbessern.

Rummelsburg, „die am härtesten umkämpfte Stadt im mittleren Hinterpommern", ging am 3. März verloren, Bütow, „die letzte Stadt in Hinterpommern, die dem Feind entschlossen Widerstand leistete", mußte am 7. März aufgegeben werden; am 8. März besetzten die Russen Stolp und am 10. März 1945 als letzte Kreisstadt in Hinterpommern auch Lauenburg.

Das war die Situation, in der alle meine Verwandten handeln mußten.

Als erster wurde Onkel Karl Latotzke (Jg. 1891) auf seinem Bauernhof am Stadtrand von Rummelsburg aktiv. Sein Bruder, der in Berlin ein Fuhrgeschäft hatte, holte schon am 30. Januar 1945 mit einem großen Lkw dessen Familie zu sich nach Berlin-Niederschönhausen: Tante Marie, den Sohn Karl - dessen älterer Bruder Kurt (Jg. 1928) war bereits Luftwaffenhelfer und deshalb nicht mehr zu Hause -, und auch unseren Opa Kautz aus Damerkow. Onkel Karl selbst blieb auf seinem Hof, den er freiwillig nicht verlassen wollte. Er wurde von den Polen schon bald enteignet und mußte dort bis zu seiner Vertreibung 1947 als Knecht weiterarbeiten. Erst dann hatte ihn seine Familie, jetzt in Ostberlin, wieder.

*

Das erste Todesopfer aus meiner hinterpommerschen Verwandtschaft holte sich die von Süden auf den Landkreis Bütow vorrückende sowjetrussische Front in Groß Tuchen. Dort spielte am 27. Februar 1945 in der Nähe ihres Elternhauses meine Cousine Helga Gatermann (geb. am 27.10.1942) an einem hellen Bausandhaufen auf dem Bahnhofsgelände, beaufsichtigt von ihrer Schwester Christa (geb. am 13.12.1932), als urplötzlich russische Jagdbomber auftauchten und aus allen Rohren feuerten. Blitzschnell warf sich Christa über ihre kleine Schwester und deckte sie mit ihrem Körper ab. Dabei wurde sie tödlich getroffen, die Kleine aber blieb völlig unverletzt.

Dieses schreckliche Ereignis wirkte auf die Familie - Tante Minna, Onkel Christian (Jg. 1900) und deren Kinder Gertraud (Jg. 1930), Christian (Jg. 1941) und Helga - wie ein Schock. Sie beerdigten ihre Tochter/Schwester und begaben sich am 1. März mit ihrem Pkw auf die Flucht.

In Stolpmünde gelang es ihnen leider nicht, auf ein rettendes Schiff zu kommen. Onkel Christian fuhr deshalb zunächst weiter nach Westen in Richtung Oder, bis man ihm sagte, daß dieser Weg nicht mehr offen sei. Daraufhin kehrte er um und fuhr in Richtung Danziger Bucht. An einer Flußbrücke, vor der sich die Treckwagen vieler Flüchtlinge stauten, wurden sie von den Russen eingeholt.

Man konfiszierte sofort den Pkw, trennte Onkel Christian von seiner Familie und führte ihn als Zivilgefangenen/"Reparationssklaven" ab. Wie viele andere Frauen auch stand Tante Minna mit ihren verbliebenen drei Kindern nun allein auf der Straße.

In dieser schrecklichen Situation faßte sie den richtigen Entschluß, statt sofort nach Groß Tuchen zurückzukehren, zunächst lieber zu ihrer Schwester Luise Selke nach Borntuchen zu gehen.

*

Am Abend des 1. März 1945 begab sich auch Onkel Max Nemitz mit seiner Frau und mit der Tochter Annemarie zusammen mit dem Radensfelder Treck auf die Flucht. Dessen Weg hat mein Onkel anläßlich einer Fragebogen-Aktion des Bundesarchivs Koblenz genau beschrieben. Er führte über Groß Tuchen, Moddrow, Borntuchen, Kolziglow, Quakenburg, Stolp, Glowitz bis nach Poblotz. Dort holte sie der auf Gotenhafen und Danzig vorstoßende sowjetrussische Panzerkeil am 9. März ein. In seinen unveröffentlichten Aufzeichnungen schildert Onkel Max dieses Ereignis folgendermaßen:

„Was mir auffiel: Hinter Stolp war kaum noch Militär zu sehen. Wo die Front verlief, wußte niemand. Jeder glaubte, sie stünde noch immer dort, wo sie war, als die Flucht begann, zumal kaum etwas vom Schlachtenlärm zu hören war.

So kam der 9. März. Endlos war die Flüchtlingskolonne. Soweit das Auge sehen konnte, reichte die lange Wagen- und Marschschlange, die vorwärts und rückwärts kein Ende hatte. Langsam wand sie sich vorwärts, oft verhielt sie aus irgendeinem Grunde.

Am frühen Nachmittag war von rückwärts, aus der Gegend von Stolp her, Gewehrfeuer zu hören, nur spärlich und dünn, dazwischen einzelne Kanonenschläge.

„Was mag das sein?" fragte ein jeder. Niemand konnte Antwort geben. An den Russen dachte kein Mensch. Jeder glaubte ihn noch fern. Doch eine lähmende Spannung bemächtigte sich aller. „Wenn wirklich die Russen kämen, was dann? Was wird dann unser Schicksal sein?" Diese bangen Fragen stiegen in allen auf. Jeder war schweigsam, aber die Gedanken arbeiteten desto lebhafter.

Kurz nach vier Uhr flackerte ganz nahe heftiges Gewehrfeuer auf. Scharf bellten Kanonen dazwischen.

Dann ein gellendes Rufen und Schreien: „Die Russen kommen!"

Bald ertönte das Rattern und Rasseln von Panzern, und in endloser Reihe zogen die T 34 an uns vorüber.

Die russischen Soldaten standen frei in den Panzern, johlten, grinsten und riefen: „Germanski kaputt!" Sie fuhren an den Flüchtlingskolonnen vorbei, ohne sich aufzuhalten. Wer sich nicht ganz dicht an den Rand der Straße drückte, wurde niedergewalzt. Manch einen erwischte es.

Endlich war der Panzerwurm vorüber. Wir waren ganz still und verzagt geworden. Ich hatte mich rechtzeitig von der Straße freigemacht und sah von einem Gehöft aus die Russen vorüberziehen. Wieviel Panzer es waren, konnte ich nicht sagen. Es waren viele, viele. Und die Besatzung war bestes Menschenmaterial, alles junge Burschen von 18 bis 25 Jahren.

Kein deutscher Panzer hatte versucht, den Russen Einhalt zu gebieten, keine deutsche Abwehr war da, außer ein paar Infanteristen mit Gewehren und Panzerfäusten."

Von diesen russischen Eliteeinheiten hatten die Flüchtlinge zumeist noch nichts Schlimmes zu erwarten. Aber ihnen folgten ja die Schützendivisionen, die zum Teil aus unglaublich zerlumpten Abteilungen bestanden. Eine Zeitzeugin schilderte mir, wie sie als Kind auf einem hinterpommerschen Bauernhof, auf dem sie als Flüchtlinge haltgemacht hatten, die Ankunft eines russischen Reitertrupps erlebte. Kavallerie war das nicht, sondern Infanterie, die sich irgendwo irgendwie Pferde besorgt hatte. Einem solchen „Fußsoldaten zu Pferde" war die linke Wickelgamasche aufgegangen. Sie flatterte an seinem Bein wie eine Fahne, als er auf den Hof zuritt. Hier erwartete man die „Befreier" in der Bauernküche, wo die hungrige kleine Zeitzeugin gerade hinter einer Sirupschnitte saß, die sie leider noch nicht gegessen hatte und die der erste eintretende Russe, der wahrscheinlich noch hungriger war, ihr sofort wegnahm und heißhungrig verschlang.

Am nächsten Morgen erlebte das Mädchen, wie dieser Reitertrupp auf dem Hof abgefüttert wurde. Man hatte am Abend zuvor Hafer aus einem Futtersack in einen großen Kessel geschüttet und aufgekocht. In der Nacht war daraus ein fester, kalter Brei geworden. Zum Frühstück stellten sich diese russischen Soldaten in einer Reihe auf, nahmen ihre Mützen ab und empfingen darin eine große Kelle Grütze, die sie sofort aßen, wobei sie pausenlos Spelzen ausspuckten. Zu trinken gab es Wasser und als krönenden Abschluß ein Glas Wodka. Unvergeßliche, eindrucksvolle Bilder aus der frühen Kindheit einer Zeitzeugin.

Man kann sich vorstellen, daß solche russischen Soldaten Deutschland wie ein Schlaraffenland sahen. Mochten die Deutschen auf der Flucht auch noch so viel verloren haben und arm geworden sein; im Vergleich zu diesen Soldaten waren sie immer noch reich. Man konnte ihnen deshalb immer noch irgendetwas Brauchbares wegnehmen oder ihnen Böses antun, wozu Ilja Ehrenburg in seinem berühmt-berüchtigten Aufruf die russischen Soldaten ja ausdrücklich ermuntert hatte.

Zurück zu meinem Onkel Max. Auch er befolgte nicht den russischen Aufruf, in den Heimatort zurückzukehren, sondern ging statt dessen wie Tante Minna nach Borntuchen auf den Bauernhof ihrer Schwester Luise Selke.

*

Onkel Paul Selke (Jg. 1898) war mit seiner Familie gar nicht erst mit Pferd und Wagen geflüchtet. Statt dessen hatte er in der Nähe seines Hofes im Wald ein Versteck gebaut, in dem er sich mit seinen Angehörigen sechs Tage lang aufhielt: mit seiner Frau, seinen vier Kindern Eckhard (Jg. 33), Helga (Jg. 35), Karin (Jg. 40), Reimund (Jg. 44) und mit seiner Mutter.

Die Russen erreichten Borntuchen am 8. März 1945. Einen Tag zuvor hatten meine Verwandten in ihrem Versteck die letzte Schießerei gehört.

Als die Familie aus dem Wald wieder auf ihren Hof zurückkehrte, blieb sie nicht lange allein. Onkel Max Nemitz, Tante Berta und ihre Tochter Annemarie (Jg. 1926) erschienen hier und auch Tante Minna mit ihren Kindern Gertraud, Christian und Helga.

Auf dem kleinen Bauernhof von Onkel Paul Selke in Borntuchen lebten nun also unter den Russen zunächst 14 Verwandte, und zwar 8 Kinder und 6 Erwachsene, darunter zwei Männer: Onkel Paul und Onkel Max.

Schon am 20. März 1945 wurden die Beiden zur Arbeit auf das Gut in Damerkow geholt. Dort mußten sie mit Taschenmessern tote Rinder enthäuten. Onkel Paul kehrte nie wieder zurück und galt als vermißt, bis sein jüngster Sohn Reimund im Frühjahr 1999 auf Anfrage vom Roten Kreuz erfuhr, daß sein Vater „am 4.8.1945 auf dem

Gebiet der ehemaligen UdSSR verstorben ist. Nähere Angaben zum Todesort und der Grablage liegen ebensowenig vor wie Angaben zur Todesursache." -

Onkel Max hatte sich am 20. März 1945 in der Mittagspause aus dem Abdecker-Arbeitstrupp davonstehlen können und war noch einmal nach Borntuchen zurückgekehrt. Er wurde aber bald darauf erneut abgeholt und zunächst in der Bütower Burg festgehalten, in der man damals deutsche Zivilgefangene/"Reparationssklaven" sammelte, bevor man sie in großen Marschkolonnen nach Osten wegführte. Im Mai 1945 wurden gleichzeitig Onkel Max, Onkel Paul und Onkel Christian Gatermann in der Bütower Burg gefangen gehalten. Onkel Christian starb hier schon bald, noch bevor er in eine Marschkolonne eingereiht werden konnte.

Diese traurige Nachricht erreichte seine Familie bereits am 20. Mai 1945. Ein Deutscher, der das seltene Glück hatte, aus der Bütower Burg entlassen zu werden, überbrachte sie persönlich. -

Onkel Max war in einer großen Marschkolonne bis zur Weichsel geführt worden. Dort gab es ein letztes Verhör durch die Russen. Man stellte fest, daß er als Reparationssklave für einen Arbeitseinsatz in Rußland zu alt war und schickte ihn zusammen mit anderen „Glücklichen" nach Hause zurück. Da kamen sie aber nicht an; denn sie wurden auf dem Heimweg als „Arbeitskräfte zweiter Wahl" von den Polen erneut gefangen genommen. Bis 1949 mußte er auf einem Bauernhof als Knecht für einen polnischen Neusiedler arbeiten, bevor man auch ihn aus seiner Heimat vertrieb.

*

Schlimmer als das Schicksal der Männer war unter der russischen Militärregierung und danach unter polnischer Verwaltung das der Frauen; am schwersten aber hatten es zweifellos die Mütter, die unter widrigsten Umständen ihre Kinder durchzubringen versuchten.

Drei dieser Mütter lebten nun ohne männlichen Beistand auf dem kleinen Bauernhof in Borntuchen mit ihren acht Kindern auf engstem Raum zusammen. Tante Minna verließ dieses Notquartier allerdings schon am 10. Mai 1945 und kehrte nach Großtuchen in ihr Haus zurück, nachdem es wieder geräumt worden war von den Russen, die darin so lange gewohnt hatten, wie sie von hier aus die Demontage der Eisenbahnlinie Bütow - Rummelsburg beaufsichtigen konnten. Diese Heimkehr und der weitere Aufenthalt in ihrem Haus waren möglich, weil ein Pole als ihr Beschützer auftrat. Er stammte aus einem etwa 10 km entfernten Ort, hatte bei Onkel Christian das Maurerhandwerk erlernt, bei ihm als Geselle gearbeitet und war stets gut behandelt worden. Nun revanchierte er sich, indem er das Haus meiner Verwandten in Besitz nahm, eine polnische Fahne anbrachte und Tante Minna mit ihren drei Kindern weiterhin darin wohnen ließ. Außerdem versorgte er sie mit den für das Überleben notwendigsten Nahrungsmitteln bis zu ihrer Vertreibung. Am 24. Dezember trafen sie im Flüchtlingslager Ülzen ein, und am 1. Januar 1946 fanden sie in Nindorf bei Visselhövede in der Lüneburger Heide eine neue Heimat.

*

Auf dem Bauernhof von Tante Luise Selke in Borntuchen lebte man nach dem Weggang von Tante Minna bis Anfang Juli 1945 nicht mehr ganz so beengt. Dann aber mußte man sogar noch mehr zusammenrücken, weil eine polnische Familie den Hof übernahm und mehr als die Hälfte des Wohnraums für sich beanspruchte.

Unter diesen Umständen war die Vertreibung aus der Heimat geradezu eine Erlösung.

Zuerst wurde Tante Berta mit ihrer Tochter Annemarie ausgewiesen. Sie kamen in Aachen unter, wo die ältere Tochter/Schwester, inzwischen verheiratet, ansässig geworden war.

Als letzte wurde im August 1946 Tante Luise mit ihren vier Kindern von ihrem Hof vertrieben. Sie fand in Wellentrup zwischen Detmold und Blomberg bei dem hilfsbereiten Bauern Henkort eine neue Bleibe. Hier im Westen waren sie endlich alle wieder in Sicherheit. Was nun folgte, waren sehr schwere Aufbaujahre. Aber die ausgestandene Not hatte auch stark gemacht. Alle Kinder haben jedenfalls Ausbildung und Beruf auf bemerkenswert gute Weise gemeistert und in ihrer zweiten Heimat Wurzeln geschlagen. Die Mütter hatten daran einen besonders großen Anteil.

*

Ein ähnliches Schicksal wie Onkel Max hatte sein Bruder Paul Nemitz aus Moddrow. Auch er wurde ja zunächst in der Bütower Ordensburg gefangen gehalten, in einer Marschkolonne bis zur Weichsel geführt, dort von den Russen aus Altersgründen entlassen und danach als „Arbeitskraft zweiter Wahl" von den Polen als Knecht auf einem Bauernhof beschäftigt.

In unserer Großfamilie galt er als der größte Pechvogel. Da er nicht als Hoferbe geboren wurde, aber unbedingt Bauer werden wollte und nicht Lehrer, ging er nach dem Ersten Weltkrieg nach Amerika, um dort Geld für den Ankauf eines Hofes zu verdienen. Als er die gewünschte Summe beisammen hatte, brach die Bank zusammen, in der er sie deponiert hatte. Daraufhin erarbeitete er sich das erforderliche Kapital ein zweites Mal, kehrte nach Hause zurück, heiratete und erwarb einen Bauernhof in Moddrow. Tante Frieda schenkte ihm drei gesunde Kinder: eine Tochter und 2 Söhne. Im Frühjahr 1945 war sein Hof fast schuldenfrei. Die letzte Rate beglich er vorzeitig, kurz bevor er mit seiner Familie auf die Flucht ging. Zu spät. Die Russen holten sie ein. Also zurück nach Moddrow. Dort starben schon bald seine beiden noch recht jungen Söhne an einer Vergiftung. Sie hatten verdorbene Nahrungsmittel gefunden und heißhungrig gegessen, weil ihr Hunger übermächtig war. Auf diese Weise wurden sie das vierte und fünfte Todesopfer aus den Familien der sieben Geschwister meines Vaters im Zusammenhang mit der Vertreibung.

Als meine drei Moddrower Verwandten, Onkel Paul, seine Frau und ihre Tochter Hildegund (Jg. 1935), ausgewiesen wurden, ließen sie sich in der ehemaligen DDR im

Kreis Königswusterhausen nieder. Hier mußten die Eltern nun systembedingt unfrei in einer LPG arbeiten. Für Onkel Paul - den Hiob unserer Großfamilie - war das besonders hart. Er hatte die Mentalität eines stolzen, freien, hinterpommerschen Bauern. Seinen Hof in Moddrow hatte er weder geerbt, noch erheiratet, sondern ihn sich hart und ehrlich erarbeitet. Daß man ihm infolge des verlorenen Krieges dieses Eigentum wegnehmen und ihn in einem ungeliebten Gesellschaftssystem zum „Knecht" hatte machen können, darüber kam er nicht hinweg. Er ging in die innere Emigration, wurde kontaktscheu und wunderlich und starb im Alter von 91 Jahren, bis zuletzt rührend versorgt von seiner wesentlich jüngeren Frau, unserer lieben, guten, tüchtigen Tante Frieda, die immer stolz auf ihren Mann war.

*

Erst am 4. März, eigentlich viel zu spät flüchteten meine Verwandten aus Damerkow: Tante Herta Kautz (Jg. 04), ihre Kinder Eva (Jg. 35) und Johannes (Jg. 37), Tante Martha und ihr Mann Gerhard Schlätker. Daß sie sich trotzdem vor den Russen retten konnten (außer Onkel Gerhard), ist wohl das Verdienst meiner kleinen, wieselflinken, umsichtigen, klugen Tante Herta.

Sie ließ sich mit ihrem Anhang von deutschen Soldaten, die aus Karthaus Munition holen sollten, mit dem Lkw dorthin mitnehmen. Dieser Einfall brachte meine Verwandten schnell aus der Gefahrenzone und fürs erste weit genug in Sicherheit.

In Karthaus fehlte dann allerdings ein eigenes Fahrzeug für die nächste Strecke. Das führte hier zu einem zweitägigen Aufenthalt. Dann konnte Tante Herta den Begleitoffizier eines Munitionszuges dazu überreden, einen leeren Viehwagen anzukoppeln und darin Flüchtlinge mitzunehmen. Nun hing ihr Schicksal von dem dieses Militärzuges ab. Er fuhr in dem noch von den Deutschen verteidigten Kessel hin und her. Leider nicht nur in Richtung Gotenhafen, sondern auch zurück in Richtung Front bis hinter Lauenburg. Dort stand er am 9. März lange außerhalb des Bahnhofs. In dem Viehwagen gingen den Flüchtlingen die Getränke aus. Der Durst wurde unerträglich. Deshalb wollte Onkel Gerhard vom Bahnhof Wasser holen. Bevor er wieder einsteigen konnte, mußte der Zug leider überraschend anfahren und sich vor der russischen Panzerspitze in Sicherheit bringen, die schneller als erwartet vor Lauenburg auftauchte. Es war der letzte Zug, der die brennende Stadt passieren durfte. Wieder kam man in letzter Minute aus der Gefahrenzone heraus und diesmal sogar weiter bis nach Gotenhafen. Von dort brachte sie zwei oder drei Tage später ein Schiff nach Hamburg. Meine Cousine erinnert sich daran, daß sie den Geburtstag ihrer Mutter am 27. März schon in einem Flüchtlingslager in Visselhövede begehen konnten.

Von dort aus suchten und fanden sie ein Privatquartier bei einer netten Frau in einem Häuschen am Waldrand. Hier erlebten sie den Einmarsch der Engländer, bei dem es für sie ein letztes Mal gefährlich wurde; denn in unmittelbarer Nähe hatten sich deutsche Soldaten verschanzt. Es kam zum Kampf, und dabei wurden bis auf das Häuschen der netten Frau alle anderen Häuser in dieser Straße zerstört.

Onkel Johannes Kautz, der Hoferbe, war bei Kriegsende Soldat in Dänemark. Dort erfuhr er, daß seiner Familie die Flucht aus Damerkow geglückt war. Der englischen Kriegsgefangenschaft konnte er sich entziehen, und schon Ende Mai 1945 war er wieder bei seiner Familie. Danach arbeitete er in Nindorf bei Visselhövede in der Lüneburger Heide auf einem Bauernhof, dessen Besitzer als Soldat in Rußland vermißt blieb. Diesen Hof konnte er später pachten für die Zeit, bis eine der beiden kleinen Töchter des Besitzers heiratete und das elterliche Erbe antrat. -

Zurück zu Onkel Gerhard Schlätker, dem glücklosen Wasserholer vom Lauenburger Bahnhof. Kaum hatte er den deutschen Munitionszug aus den Augen verloren, waren auch schon die Russen da. Er befolgte deren Anordnung und marschierte nach Damerkow zurück. Dort mußte er auf dem Hof seines Schwagers Johannes Kautz, auf dem nun Polen das Sagen hatten, als Knecht arbeiten bis zu seiner Vertreibung. In Visselhövede erwartete ihn Tante Martha, seine Frau. Mit ihr kehrte er dorthin zurück, wo er seine Kindheit und Jugend verbracht hatte: nach Ohne bei Schüttorf an der holländischen Grenze. Für Tante Martha wurde der Geburtsort ihres Mannes so zu ihrer zweiten Heimat.

*

Exemplarisch ist auch das Schicksal von Käthe Finkbeiner, geborene Hawer (Jg.1920), einer Cousine meines Vaters aus Reckow Kreis Bütow. Ihre Eltern hatten dort vor der Vertreibung einen Bauernhof mit einer Gastwirtschaft und einem Kolonialwarenladen.

Als am 1. März im Dorf die Glocken läuteten und so das Zeichen zum Aufbruch des Reckower Trecks gaben, überflogen plötzlich russische Jagdbomber die Dorfstraße und feuerten aus allen Rohren. Hawers polnischer Knecht wollte gerade die beiden Pferde anspannen, die ihm bei der Knallerei sofort durchgingen und nach dem Angriff nicht mehr aufzufinden waren. So kam es, daß der damals 77 jährige Bauer, Gastwirt und Kaufmann Karl Hawer erst am nächsten Tage mit einem von deutschem Militär gekauften, nur leicht verwundeten, schwächeren Pferd aufbrechen konnte. 24 Stunden zu spät. Der Reckower Treck kam noch durch, Hawers jedoch - der Vater und seine Tochter Käthe - wurden südlich des Zarnowitzer Sees in Althammer am 9. März von der auf Gotenhafen und Danzig vorstoßenden russischen Panzerspitze eingeholt.

In ihren Aufzeichnungen von 1987 schildert sie diese Situation so:

> „Auf einmal kommt jemand in heller Aufregung gelaufen! Die Russen sind
> da! Alles raus aus dem Haus! Auf der ca. dreihundert Meter entfernten Straße
> sehen wir nun eine schier endlos scheinende Kette von russischen Panzern
> vorbeirollen. Da wurde es noch dunkler! Die Panzer rollten ohne Aufenthalt
> weiter, sie kümmerten sich nicht um die Trecks noch um sonstwas."

Wie befohlen wollten die Beiden daraufhin nach Reckow zurückfahren. Aber Pferd und Wagen wurden ihnen schon nach wenigen Kilometern weggenommen. Weiter ging's zu Fuß.

In Lauenburg wurde Käthe Hawer am 14. März von russischen Soldaten aufgegriffen, eingesperrt und bald danach in eine Marschkolonne eingereiht. Man führte sie über Stolp, wo sie in einer Bank übernachteten, und über Alt-Kolziglow, wo die Dorfkirche, in der 1847 Fürst Bismarck Johanna von Puttkammer geheiratet hatte, für eine Nacht als Quartier dienen mußte. Den nächsten größeren Halt gab es in Zerrin bei Bütow, wo man sie für eine Nacht in dem Gutshaus der Familie Hartwig einsperrte. Weiter ging der Marsch in Richtung Konitz auch durch Käthes Heimatdorf Reckow. Ihr 77 jähriger Vater war bereits wieder dort. Ein gutherziger russischer Wachsoldat erlaubte ihm, seine Tochter etwa 300 m weit bis zum Ortsausgang zu begleiten. Dann mußte er zurückbleiben, wobei die Tränen bei beiden reichlich flossen.

Von Konitz wurde sie am 25. März per Bahn zunächst nach Ostpreußen abtransportiert. Von dort verfrachtete man sie mit einem „riesigen Transportzug" - „ein Viehwaggon für je 45 Gefangene" - bis hinter den Ural. Vom 29. März bis zum 23. April 1945 dauerte diese Fahrt.

Am Zielort erwartete Käthe Hawer die harte Arbeit einer „Reparationssklavin" unter Tage in einem Kohlebergwerk. Eine Zumutung und ganz gewiß auch eine Überforderung.

Andererseits weiß man: Große Herausforderungen können auch erstaunliche Kräfte freisetzen. Man kann „über sich hinauswachsen" und in solchen Situationen mehr leisten, als man sich selber jemals zugetraut hätte.

Käthe Hawer war damals 25 Jahre alt und kerngesund. Außerdem hatten ihre Eltern sie und ihre acht Geschwister von klein auf an Arbeit in Haus und Hof gewöhnt. Das alles gab ihr die Kraft, durchzuhalten bis zur Entlassung aus dieser russischen Zivilgefangenschaft Anfang Dezember 1949 nach Schleswig-Holstein zu der Familie ihrer Schwester Martha.

Der Rücktransport mit der Bahn begann am 5.12.1949 in Kupesk und ging über Tscheljabinsk, Ufa, Kujbischew, Saratow, Woronesch, Kursk, Kiew, Brest-Litowsk und Warschau bis nach Gronenfelde bei Frankfurt/Oder, wo sie am 20. Dezember eintraf. Zwei Tage später durfte sie nach Schleswig-Holstein weiterreisen.

Daß Käthe Finkbeiner geborene Hawer diese Heimsuchung gesund an Leib und Seele überstanden hat, läßt sich wohl am besten daran erkennen, daß sie - nun schon seit über 40 Jahren verheiratet - noch immer glücklich, zufrieden und dankbar zusammen mit ihrem Mann in Stuttgart lebt. Auch eine bewundernswerte Frau.

Anhang

GREIFSWALDER ZEITUNG

EINZELPREIS 10 Pfg.

PARTEIAMTLICHE ZEITUNG DER NSDAP, GAU POMMERN — NACHRICHTENBLATT DER LANDESBAUERNSCHAFT, DER DAF, DER STAATL. UND STÄDT. BEHÖRDEN

Nr. 43   Dienstag, 13. Februar   Jahrgang 1945

Der heilige Kampfschwur des deutschen Volkes:

Bis die Heimat freigekämpft und die Zukunft des Reiches gesichert ist!

Die Stunde erfordert höchsten Einsatz und äußerste Wachsamkeit! Jedes weitere Vordringen des Feindes fügt Volk und Wirtschaft schwerste Schäden zu und muß verzögert und unter allen Umständen aufgehalten werden, bis es schließlich gelingt, die Bolschewisten vom deutschen Boden zu vertreiben!

Durchbruch in Südpommern erneut vereitelt:

Zusammen mit den Soldaten verhinderten sie den bolschewistischen Durchbruch im Ringen um Pyritz

Gegenangriffe gegen den verstärkten Feind-Druck

Jeder Raumgewinn der Bolschewisten im Raum von Stargard verwehrt — Straßenkämpfe in Schneidemühl — Heftige Schlacht in Schlesien, wo die Sowjets in drei Richtungen vorstoßen

Tapfere Jugend

Auszeichnung der pommerschen Jungen in Gegenwart des Gauleiters und des Kommandierenden Generals — „Ihr habt Euch als vollwertige Mitglieder der kämpfenden Front erwiesen!"

Eigener Bericht der pommerschen Gaupresse

Stettin, 13. Februar.

EINZELPR. 10 Pf., — AUSSERHALB 15 Pf. VERLAGSORT STETTIN

Pommersche Zeitung

MIT OSTSEE-ZEITUNG / STETTINER GENERAL-ANZEIGER
PARTEIAMTLICHE ZEITUNG DER NSDAP, GAU POMMERN

3. Jahrgang   9. März 1945   Nr. 246

Erbitterte Durchbruchsschlacht im Raum von Stettin

Feind zwischen Greifenhagen und Gollnow aufgehalten!

Bei Cammin, Wollin und Kolberg stoßen Sowjets ebenfalls mit starken Panzerkräften vor – Die auf Stolp und beiderseits Pr.-Stargard vorgedrungenen Bolschewisten in einer Sehnenstellung abgebremst – Vorbildliche Tapferkeit deutscher Marineeinheiten – Die Luftwaffe unterstützt hervorragend den Erdkampf

Stettin, 9. März

Die Großoffensive der Bolschewisten lobt von der Oder südlich Stettin in anhaltendem Zogen nach Osten bis an die Ostseeküste und hält in Ostpommern mit dem Schwerpunkt m Raume Stolp ebenso an.

Die ungeheure Kräftemassierung des Gegners mit dem Ziel, Pommern aus der deutschen Verteidigungsfront im Osten herauszubrechen, geht am deutlichsten daraus hervor, daß der Feind nicht weniger als zwei Gardepanzerarmeen, etwa fünf bis sechs weitere selbständige Panzerkorps eingesetzt hat. Starke Verbände der bolschewistischen Luftwaffe unterstützen die An-

VOLK AN DEN FEIND!

Richtige Meldungen schnell weitergeben: eine Aufgabe, die jedem einzelnen gestellt ist – Aber nur melden, was stimmt!

Berlin, 9. März

Jetzt, wo weite Teile der Zivilbevölkerung unmittelbar in das Kriegsgeschehen hineinbezogen sind, wird jeder einzelne unmittelbar Teilnehmer jener Abwehrfront, die im heißen Kampf gegen den anstürmenden Bolschewismus steht.

fältigt. So viel Zeit, in ruhiger Beobachtung zahlenmäßig genau die Panzer und Fahrzeuge festzustellen, ihre Marschrichtung und ihr Verhalten zu bestimmen, bleibt immer. Nur der, der selbst die Dinge gesehen hat, ist zur Meldung berechtigt. Die Beobachtung darf niederschrei-

Mit „Panzerfaust" ausgehoben

Zwei schwere Langrohrgeschütze vernichtet

Wenn auch die Verteidiger von Breslau der bolschewistischen Belagerungsarmee Schritt um Schritt um Raum geben müssen, verstehen sie doch, durch Gegenstöße und Handstreiche sich immer wieder Luft zu schaffen. Einer davon kommt auf das Konto von Oberst G., dem Offizier zweier Weltkriege und Führer einer im Raum Breslau eingesetzten Kampfgruppe, der sich an die Spitze eines Stoßtrupps setzte und persönlich der Panzerfaust vernichtete. Die Geschütze waren hinter der Friedhofsmauer eines bei Breslau gelegenen Dorfes aufgefahren und konnten von hier aus die deutschen Stellungen ungestört unter Feuer nehmen. Dem Oberst und seinen Männern gelang es, im Schutz der Dunkelheit durch die bolschewistischen Linien zu sickern und die Bedienungen der Geschütze im Nahkampf niederzumachen.

ländes zwingen. In zähem Ringen arbeiteten sich unsere Truppen weiter vor, bis sie die Operationsbasis Lauban dem Feind entrissen hatten.

Wie sie es treiben

Unter Führung zweier deutscher Offiziere von der Fahnenjunkerschule in Posen, dem Ritterkreuzträger Leutnant I n g e n b e r g und Leutnant N e u m a n n, schlug sich eine Gruppe von 16 Mann, die am Kampfraum Posen abgesprengt worden war, zu den deutschen Linien zurück.

Diese 16 Männer haben unzählige Ortschaften im gequälten deutschen Ostraum gesehen. Über ihre Erlebnisse berichteten sie dieser Tage. Im Anschluß an die Erklärungen

Pommersche Zeitung

MIT OSTSEE-ZEITUNG / STETTINER GENERAL ANZEIGER
PARTEIAMTLICHE ZEITUNG DER NSDAP, GAU POMMERN

13. Jahrgang   Sonnabend/Sonntag, 10./11. März 1945   Nr. 247/48

Verstärkter deutscher Widerstand – Die Sowjets ziehen Verstärkungen vor Stettin

Hohe Feindverluste vor Stettin

Auch bei Küstrin sind die Bolschewisten zum Angriff angetreten, um die deutschen Bollwerke an der Oder in ihre Gewalt zu bekommen — Drei Armeen gegen Stettin eingesetzt — Die Durchbruchsversuche erneut gescheitert — Seestreitkräfte unterstützen die Abwehr — Deutscher Erfolg vor Ratibor und in Ungarn

Stettin, 10. März

Von den Armeen, die die Bolschewisten in Pommern eingesetzt haben, stehen eine Panzer- und zwei Infanteriearmeen in der Durchbruchsschlacht auf Stettin.

Gestern hatte die Wucht der sowjetischen Angriffe infolge der außerordentlich hohen blutigen Verluste des Feindes am Vortag vorübergehend an Geschlossenheit nachgelassen. Die Bolschewisten beschränkten sich daher zunächst auf örtliche, darum nicht weniger heftige Angriffe, die zusammenhanglos geführt wurden und dem Zweck dienten, unsere Verteidigungsfront nach schwachen Stellen abzutasten.

Der deutsche Widerstand hat sich unterdes aber weiter verstärkt. Die Folge ist, daß dem Feind jeglicher Erfolg versagt blieb, obwohl er später mehrfach starke Infanterie- und Panzerverbände zusammenfaßte und an einigen Stellen durchzustoßen versuchte. Der Durchbruch blieb ihm versagt.

Nördlich des Madüsees und an der Autobahn nach Stettin, wo die Sowjets besonders starke Panzerkräfte ansetzten, verschob sich die Kampflinie etwas nach Norden. Der Gegenangriff einer eigenen gepanzerten Kampfgruppe entriß dem Feind aber eine beherrschende Höhe zwischen dem Madüsee und der Oder wieder.

[...]

Befehl des bolschewistischen Kommandanten von Oels

Deutsche werden im Treck nach der Sowjet-Union abtransportiert

Befehl des Politruks: „Die Soldaten können mit den Deutschen machen, was sie wollen. — Wer sich wehrt, wird erschossen"

Berlin, 10. März

Der sowjetische Kommandant von Oels hat angeordnet, daß sich alle deutschen Männern zwischen 17 bis 50 Jahren, die sich in dem sich untersichenden Gebiet aufhalten, ohne jede Ausnahme an bestimmter Stelle einzufinden haben. Jeder hat Verpflegung für 14 Tage mitzubringen. Die Männer werden in Trecks zusammengestellt und zur Arbeitsleistung nach der Sowjetunion abgeliefert.

Der Befehl, der uns in die Hände gefallen ist, ist der Beweis dafür, wie ernst es den Sowjets mit ihren Deportationsabsichten ist und daß sie in Deutschland nicht eine Minute länger als nötig warten, ehe sie die Sklaven-bataillone in Marsch setzen.

Die Auswahl, die Jahresklassen, ist bezeichnend: für „die Männer über 50 hat, man den

[...]

Genickschuß bereit oder sonst eine Art, sie aus der Welt zu schaffen, da sie als Arbeitstiere nicht mehr voll leistungsfähig sind, während man die Jugendlichen, soweit sie am Leben bleiben, wohl an Ort und Stelle „gebraucht" oder sonst etwas mit ihnen vor hat.

Für das Verhalten der Sowjets gibt es nur eine Richtlinie, die nach der Aussage eines am 1. Februar bei Saráskau eingetroffenen sowjetischen Soldaten der jüdische Politruk seines Regiments folgendermaßen formulierte:

„Die Soldaten können mit den Deutschen machen, was sie wollen. Wenn die Deutschen sich wehren, werden sie erschossen, sie werden gefangen, wenn sie nach Deutschland 'rausnehmen und das nach Hause schicken, was wir brauchen können."

[...]

zern überrollten und schoß dann einen. Oberfeldwebel Zellmer und Jäger Kunstahl ebenfalls je einen Kampfwagen ab. Die Alarmeinheit des Oberleutnants Sicherstetter, das im Zivilleben Kreisleiter der NSDAP ist, erledigte nur mit Panzerfäusten 12 bolschewistische Stahlkolosse.

Von 112 auf 15 Mann...

Für die Höhe der feindlichen Verluste sind Aussagen von Gefangenen aufschlußreich, die jetzt bei Stettin eingebracht wurden. So sagt ein bolschewistischer Unteroffizier von der 8. Kompanie des Schützenregiments 1026 aus, seine Kompanie sei in 36 Stunden von 112 auf 15 Mann zusammengeschmolzen. Ständig müsse Ersatz zugeführt werden, um die gewaltigen Lücken wieder aufzufüllen. Die sowjetische Panzerbrigade „Smolensk" verlor in drei Tagen bis auf zwei „T 34" ihren gesamten Panzerbestand.

47 Sowjetmaschinen abgeschossen

Deutsche Jäger haben in den letzten 48 Stunden 47 Feindflugzeuge über Pommern abgeschossen. Erhebliche Verluste hatte der Gegner auch in dem Ort Lenz, der zwischen Massow und Stargard liegt. Hier stöberte ein Schlachtfliegerverband feindliche Panzer auf, die zwischen Gehöften, Gärten und Scheunen getarnt standen. Schwere Sprengbomben und kleinkalibrige Bombenladungen richteten erhebliche Verwüstungen an.

„Der irrt sich!"

Schwedische Stimme über Deutschland

Der Berliner Vertreter des „Svenska Dagbladet" schreibt über Deutschlands innere Lage: „Im feindlichen und neutralen Ausland wird oft gefragt: ,Wird das deutsche Volk weiterhin die geforderte totale Standhaftigkeit durchhalten?' Antwort: Wer mit der Möglichkeit einer inneren deutschen Revolution in der einen oder anderen Form rechnet, irrt sich."

Pommersche Zeitung

EINZELPR. 10 PF. – AUSSERHALB 18 PF. VERLAGSORT STETTIN

MIT OSTSEE-ZEITUNG / STETTINER GENERAL-ANZEIGER.
PARTEIAMTLICHE ZEITUNG DER NSDAP, GAU POMMERN

13. Jahrgang   Dienstag, 13. März 1945   Nr. 250

Deutsche Gruppe hat sich in den Brückenkopf Dievenow zurückgekämpft

Starke Gegenschläge südöstlich Stettins

Im Süden, Osten und Norden des Brückenkopfes wurden die immer wieder zum Durchbruch ansetzenden bolschewistischen Kräfte unter Abschuß zahlreicher Panzer aufgehalten oder zurückgedrängt – Die sowjetischen Angriffe prallten mit den eigenen Stößen aufeinander – Fliegereinsatz auf beiden Seiten

Stettin, 13. März

Drei Armeen haben die Bolschewisten gegen Stettin herangeführt. Im Norden, Süden und Osten des Brückenkopfes halten heftige Kämpfe mit dem Gegner an, der Altdamm zu erreichen und die Oder zu überschreiten trachtet, um schließlich Stettin in seine Gewalt zu bekommen und – bei gleichzeitigem Gelingen seiner Angriffe zwischen Frankfurt und Küstrin zu einer Zangenoperation gegen die Reichshauptstadt antreten zu können.

Die Bolschewisten rechnen mit härtestem deutschen Widerstand. Daher ihr auffordernd sich großes Truppen- und Materialaufgebot. Die deutschen Verteidiger haben dementsprechend einen schweren Stand, halten jedoch nicht nur unerschütterlich den Brückenkopf, sondern gehen die Lage hat sich durch wuchtige deutsche Gegenangriffe, besonders im Südosten Stettins, etwas entspannt.

In dem unübersichtlichen Waldgebiet der Buchheide, im Raum von Buchholz, entlang der Reichsstraße, an der Autobahn und bei

nehmen, vorwärtsdrängt. Unsere Panzermänner bleiben hart dran. Sie sind endlich wieder offensiv am Feind. Sie rollen den Weg weiter vorwärts und dringen tiefer in die gefährdete Flanke des sich jedoch immer wieder fangenden Gegners ein. Das Ringen wird jetzt um die Mittagsstunde mit wachsender Verbissenheit geführt. Die Bolschewisten haben erkannt, welche Gefahr ihnen droht. Sie führen an das von uns bestürmte Kampffeld Verstärkungen heran, was in der kurzen Zeit nur eine kurze Frist gesetzt werden kann. Die Panzerspitze steht sich eben mit einem W a l l v o n P a k geschützen gegenüber. Muß der Angriff abgebrochen werden? Nein, nur jetzt nicht! Es steht zuviel auf dem Spiel. Die eigenen Verluste sind immer noch gering. Im zusammengefaßten An-

laut wird die Pakmauer zum Einsturz gebracht – das Dorf an der wichtigen Wegkreuzung ist in unserer Hand!

In lachender Freude des sich entspannenden Gefühls eines gut gelungenen Schlages entstellen gegen die Männer ihren Panzern und durcheilen der nachgezogenen Kräften das "durcheilende Gelände zu säubern. Die Bolschewisten haben erkannt, landet noch ein Werfereinschlag im Dorf, aber MG-Stoß, heult noch eine Panzergranate heran, der Erfolg ist errungen. Am Abend kann die Kommandeur melden: 19 Panzer und 33 Pakgeschütze abgeschossen, viele Fahrzeuge vernichtet.

Die Voraussetzungen eines neuen Stoßes für den nächsten Tag sind geschaffen. Die neue

Linie wird in der Nacht noch alle notwendige Festigkeit erhalten."

Die letzten Frontmeldungen

Nach den letzten Frontmeldungen haben unsere Truppen weiter gute Abwehrergebnisse vor Stettin erzielt. Bei klarem Wetter, das den feindlichen und eigenen Fliegern das Eingreifen ermöglichte, prallten starke sowjetische Angriffe und die kräftigen eigenen Gegenstöße den ganzen Tag über hart aufeinander. Im Südostteil des Brückenkopfes konnten infolge der Gegenschläge unserer Panzer die bolschewistischen Angriffe nicht zur Entfaltung kommen. Im Süden, Osten und Norden des Brückenkopfes wurden die immer wieder zum Durchbruch ansetzenden bolschewistischen Kräfte unter Abschuß zahlreicher Panzer schwer zusammengeschlagen.

Von See.her unterstützt

Durch einen Feindeinbruch in Richtung auf

Schlacht um den Rheinbrückenkopf

Amerikaner setzten im Schutz dichten Nebels weitere Truppen über den Fluß – Auswirkung der Stellungen nicht geklärt

Pommersche Zeitung

EINZELPR. 10 PF. — AUSSERHALB 15 PF. VERLAGSORT STETTIN

MIT OSTSEE-ZEITUNG / STETTINER GENERAL-ANZEIGER
PARTEIAMTLICHE ZEITUNG DER NSDAP. GAU POMMERN

13. Jahrgang   Sonnabend/Sonntag, 17./18. März 1945   Nr. 254/55

Vor Stettin ist der Kampf in voller Schärfe wieder von neuem entbrannt

Schlacht in der Buchheide

Mit einer Panzerarmee und fünf Panzerkorps rennen die Sowjets gegen den Brückenkopf Stettin an, um ihn in drei Teile aufzuspalten - Ungeheures Material - Pausenloses Feuer aus hunderten von Geschützen - Kaum vorstellbare Verluste der bolschewistischen Angreifer - Bis jetzt wurden 124 Panzer abgeschossen

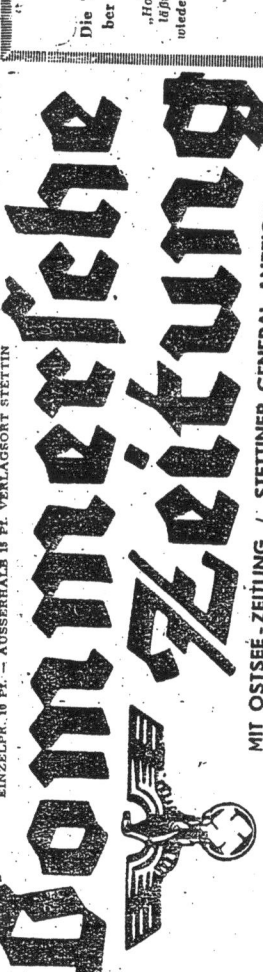

Die Totengräber Europas

»Hoffentlich läßt er uns wieder hinaus!«

Zeichnung Bruns

Stettin, 17. März

Die Schlacht vor Stettin ist seit 48 Stunden in voller Schärfe neu entbrannt. Mit massierten Kräften versuchen die Sowjets besonders an der Südostfront den Verteidigungsgürtel zu durchbrechen, doch wurden sie nach geringen Anfangserfolgen in wenigen Gegenstößen an Rückhaltstellungen zum Stehen gebracht und dabei am ersten Tag bereits 39 Panzer abgeschossen.

Auf schmalstem Angriffsstreifen rennen die Sowjets mit einer Panzerarmee, fünf Panzerkorps und zahlreichen Schützenverbänden gegen unsere Front an mit dem Ziel, den Brückenkopf zunächst einmal in drei Teile aufzuspalten. Auf beiden Seiten trommeln pausenlos die Granaten aus Hunderten von Geschützen aller Kaliber. Es ist ein Materialeinsatz, der an die große Materialschlacht von Aachen erinnert.

Die Schwerpunkte des erbitterten Ringens liegen im Raum der Buchheide, wo die Bolschewisten ihren Stoßkeil in Richtung auf die Oder-Autobahn...

...zerabschluß im Osten. Seitdem ist kaum ein Tag vergangen, in dem weniger als 100 Feindpanzer vernichtet wurden. Am Donnerstag stieg diese Zahl auf 272 vernichtete Panzer, was bei den verhältnismäßig weit nach Westen vorgeschobenen feindlichen Linien und der damit erschwerten Nachschubbedingungen einer gewonnenen Schlacht gleichkommt.

In die kommende Auseinandersetzung gehen wir somit nicht nur mit einer besseren Moral und einem klaren Selbstbehauptungswillen hinein, sondern haben die militärischen Machtmitteln, die unsere Truppen mit Zuversicht erfüllen müssen. Im einzelnen wird über die Lage im Osten berichtet:

Festung Kolberg hält weiter stand

Bei Wald-Dievenow an der Ostsee gelang dem Feind nach heftiger Feuervorbereitung von zwanzig Batterien ein örtlicher Einbruch, der jedoch sofort abgeriegelt wurde.

Die Besatzung von Kolberg, die von Seestreitkräften wirksam unterstützt wird, hält dem Ansturm der überlegenen feindlichen Kräfte stand.

In Westpreußen wurde dem Feind weiter der Durchbruch zur Danziger Bucht verwehrt, wobei in Abwehr und wuchtigen Gegenangriffen 67 Panzer vernichtet wurden.

In Ostpreußen konnten unsere Truppen außerordentlich eindrucksvolle Abwehrerfolge erzielen. Sie schossen von 200 anrollenden Panzern 146 ab und vereitelten damit jeden entscheidenden Erfolg der sowjetischen Angriffsarmee.

In Schlesien trat der Feind nördlich Ratibor zum Großangriff an, doch wurde er in der Tiefe des Hauptkampffeldes aufgefangen. Unsere Truppen traten daraufhin zu Gegenangriffen an, die noch im Gange sind. Auch hier blieben zahl-

reiche bolschewistische Panzer zerschossen auf dem Kampffeld liegen. - Bei Schwarzwasser kamen die Sowjets trotz verstärkten Panzereinsatzes nicht weiter vorwärts.

In Ungarn befestigten unsere Truppen beiderseits des Plattensees ihre neuewonnenen Stellungen gegen zahlreiche Gegenangriffe der Sowjets und warfen feindliche Kräftegruppen, die sich noch zwischen unseren Stellungen befanden, zurück.

Nach Dievenow durchgeschlagen

Kriegsberichter Hans Bolzelt meldet:

Eine starke deutsche Kampfgruppe durch versprengte Einheiten laufend verstärkt, hatte sich, als den Bolschewisten nach ihrem Durchbruch in Pommern an verschiedenen Stellen der Vorstoß an die Ostseeküste gelungen war, nach Norden durchgekämpft und den Raum der Ostseebäder Horst und Rewahl einen geräumigen Brückenkopf gebildet.

Die Sowjets glaubten, einen guten Fang zu tun. Schon sahen sie ihr Opfer in dem Kessel...

Pommersche Zeitung

EINZELNR. 10 Pf. = AUSSERHALB 15 Pf. VERLAGSORT STETTIN

MIT OSTSEE-ZEITUNG / STETTINER GENERAL-ANZEIGER
PARTEIAMTLICHE ZEITUNG DER NSDAP, GAU POMMERN

13. Jahrgang   Sonnabend/Sonntag, 24./25. März 1945   Nr. 261/262

Die Lage an der Westfront bleibt gespannt Im Kampfraum vor Stettin weiterhin Ruhe

Der Feind drängt Küstrin von zwei Seiten weiter zum Rhein von den Sowjets berannt

**Bingen gefallen - Konzentrischer Angriff auf Mainz - Die
Offensivvorbereitung am Niederrhein abgeschlossen**

**Trommelfeuer leitete den heftigen Stoß ein - Die
Schlacht hält an - Angriffe der Bolschewisten in
Richtung auf die märkische Senke**

Die Lage an der Westfront bleibt weiterhin gespannt.

Berlin, 24. März

In Rheinhessen und in der Rheinpfalz drängt
der Feind überall mit starken Panzerkräften
zum Rhein. Bingen fiel in Feindeshand.

Nach schweren Feuerschlägen erneuerte
der Feind seine konzentrischen Angriffe auf
Mainz und drang mit Panzern von Nordwesten her in die Stadt ein. Der Kampf tobt
von Mainz, an der die alten Kommandantur sowie
an zahlreichen einzelnen Widerstandsnestern
schlugen sich die Verteidiger bis in die Nacht
hinein mit dem überlegenen Feind. Offiziersstoßtrupps hielten die Verbindung zwischen
den einzelnen Widerstandsnestern aufrecht.
Auch in Worms sind, wie gemeldet, die Amerikaner eingedrungen. Bei Frankenthal
versuchten die Amerikaner, über die Trümmer
der Autobahnbrücke hinweg das Ostufer des
Flusses zu erreichen, was ihnen jedoch mißlang. Im Vorfeld von Ludwigshafen
schossen Panzerjäger 28 Panzer ab und ver-

liegengebliebenen war, entschloß sich Oberleutnant
Prinz mit seinem Grenadierbataillon, den Angriff nach Einbruch der Dunkelheit ohne Artillerievorbereitung zu wiederholen. An der
Spitze eines ausgewählten Stoßtrupps von drei
Mann brach er in die Stellung ein und nahm
nach schwerem Waldkampf den Berg nach härtestem Widerstand wieder. Die Nordamerikaner
ließen eine große Menge von Toten und zahlreiche Beute zurück.

An einer anderen Stelle war der Feind gegen
die Ortschaft Kalenborn vorgedrungen, wo sich
der Gefechtsstand eines Panzergrenadierbataillons
fand. Der Regimentsführer war zu der Zeit
bei seiner Truppe in einem anderen wichtigen
Abschnitt. Inzwischen hatten die Nordamerikaner auch unsere Abriegelungsfront umgangen
und schnitten damit die Verbindung zu unseren
Grenadieren ab.

Kurz entschlossen übernahm der Regimentsadjutant, Oberleutnant Baron von Brockdorff aus
Berlin, die Führung der in seinem Abschnitt
liegenden Einheit, brachte einen schweren Zug
der Panzer-Grenadierregiments zusammen und
griff den vom Gegner besetzten Minderung

Stettin, 24. März

Während vor Stettin die Kampftätigkeit
weiter ruht, ist der Gegner im Abschnitt
westlich und nordwestlich der Festung gleichzeitig zum Angriff angetreten, nachdem er
1½ Stunden lang unsere Stellungen mit Trommelfeuer belegt hatte.

Dem Beschuß folgten laufende Einsatz bolschewistischer Schlachtflieger und endlich in
tiefgestaffelten Wellen Infanterie und Panzer zerrüttel. Die Absicht der Bolschewisten lag
klar zur Hand: sie wollten die Festung
Küstrin abklemmen und die Brückenköpfe
nördlich und südlich von Küstrin vereinigen,
um damit eine günstige Ausgangsbasis für
künftige Großoperationen zu schaffen. Es gelang dem Gegner durch seinen ungeheuren
Materialeinsatz, in unsere Frontstellungen einzubrechen, doch wurde er durch wirksame
Feuerschläge der Artillerie und durch zur Ge-

hals und Neiße und Entlastungsvorstöße im
Raum von Schwarzwasser scheiterten.

Die tapfere Besatzung von Glogau zerschlug,
in den letzten Tagen zahlreiche Angriffe zahlenmäßig überlegener Feindkräfte gegen den Südteil der Festung. Hier wurden 55 Sowjetpanzer
zur Strecke gebracht.

Ein weiterer Schwerpunkt liegt beiderseits der
Danziger Bucht. Im Raum westlich Gotenhafen und bei Danzig hat der Feind die Wucht
seiner Angriffe weiter gesteigert. Nordwestlich
Zoppot wurden die feindlichen Einbrüche von
Verteidigern auf wenige hundert Meter begrenzt. Schwere Seestreitkräfte griffen in die
Ringen ein und zerschlugen starke feindliche
Bereitstellungen im Westen von Danzig. 24 Sowjetpanzer wurden abgeschossen.

Die Schlacht in Ostpreußen

In Ostpreußen errangen unsere Verbände
zusammen mit leichten Seestreitkräften beiderseits Heiligenbeil einen klaren Abwehrerfolg

EINZELPR. 10 Pf. – AUSSERHALB 18 Pf. VERLAGSORT STETTIN

Pommersche Zeitung

MIT OSTSEE-ZEITUNG / STETTINER GENERAL-ANZEIGER
PARTEIAMTLICHE ZEITUNG DER NSDAP. GAU POMMERN

13. Jahrgang   Freitag, 27. April 1945   Nr. 294

"Der Schlüssel zu Europa"

Rundfunksprecher Staatssekretär Naumanns

Staatssekretär Naumann sprach gestern nachmittag aus Berlin über den Rundfunk. Alle Stadtteile und die wohlbekannten Plätze und Straßen der Reichshauptstadt, so sagte er, zeigten bereits die Spuren der großen Schlacht. Der Feind werfe immer rücksichtsloser seine Panzer- und Infanterieverbände in die Straßenkämpfe. Sein Ziel sei, Berlin so schnell wie möglich zu erobern und damit den Schlüssel zu Europa in die Hand zu bekommen. Gegenüber diesem Ansturm hätten die Verteidiger Berlins einen sehr schweren Stand, aber ihre Haltung entspreche der Größe der Gefahr. Der Führer sei der letzten Entscheidung nicht ausgewichen, sondern er habe sich mit dem Einsatz seiner ganzen Person an die Spitze des Kampfes um Berlin gestellt.

Stettin wehrte sich bis zuletzt gegen feindliche Uebermacht

Nach stärkster Artillerie- und Schlachtfliegermassierung erzwangen die Sowjets den Einbruch, da es den Sowjets mit starken Kräften und unter massiertem Einsatz von Artillerie und Schlachtfliegern gelang, den Einschließungsring um die Reichshauptstadt zu schließen - Ringen um das Herz der Stadt entbrannt - Bautzen wieder freigekämpft

Die Schlacht um Berlin hat einen neuen Höhepunkt erreicht, da es den Sowjets mit starken Kräften und Schlachtfliegern gelang, den Einschließungsring um die Reichshauptstadt zu schließen - Ringen um das Herz der Stadt entbrannt - Bautzen wieder freigekämpft

In Pommern, 27. April

Nachdem den Sowjets die Ausweitung ihres Brückenkopfes nördlich von Greifenhagen und ein Vorprellen nach Penkun- und Schmölln nach Penkun- und Bargmühl gelungen war, verstärkten sie seit Sonntag nochmals ihre Angriffsgegen Stettin.

Hier hatten unsere Truppen im wochenlangen Kampf den Feind immer wieder abgewehrt und besonders seine Versuche, unmittelbar südlich von Podejuch über die Westoder zu setzen, unter blutigsten bolschewistischen Verlusten zerschlagen. Planmäßig stellte der Gegner die Wucht seiner Offensive. Pausenlos rollender Schlachtfliegereinsatz, bis zum Trommelfeuer anschwellende Tätigkeit

sie sich in den ersten Morgenstunden des Freitag an Hand der Meldungen ergeben.

— Siehe dazu auf Seite 2: „Der Kampf Stettins."

Die Schlacht um Berlin hat einen neuen Höhepunkt erreicht, da es den Sowjets mit starken Kräften und unter massiertem Einsatz von Artillerie und Schlachtfliegern gelang, den Einschließungsring um die Reichshauptstadt zu schließen.

In der ersten Phase dieser nun sieben Tage dauernden Schicksalsschlacht hatten die Sowjets versucht, zunächst mit Panzerrudeln und Panzergruppen vorzustoßen, um möglichst durch einen Handstreich die Mitte der Reichshauptstadt an sich zu reißen. Er scheiterte. Darauf ging der Gegner dazu über,

schlehndorf über Dahlem bis nach Charlottenburg ergriffen hat. Der Feind will durch Hineintreiben starker Panzerkeile die Hauptverkehrswege und Zugänge zur Innenstadt über die Avus und die Ostwestachse gewinnen. Gestern früh vorstoßende Panzerkräfte drangen in die Randgebiete von Grunewald und Dahlem ein, um sich daraufhin weiter in südwestlicher Richtung zu entwickeln. Unsere Sperriegel und Jagdkommandos setzten sich der Panzern entgegen, die am Roseneck zum Stehen gebracht wurden. Andere sowjetische Verbände überquerten die Avus, um im Grunewalder Forst Deckung und Märschwege zu suchen.

gesteigert und Fahrwegen ab, sondern dicht an den Häuserfronten, die einigermaßen Schutz und Deckung bieten vor krepierenden Granaten. Sonst sind die Straßen menschenleer. Alle, die nicht unmittelbar am Kampfgeschehen beteiligt sind, leben in den Kellern ein hartes, karges und entbehrungsvolles Leben, das an sämtliche Berliner, an Männer, Frauen und Kinder, unerhörte Anforderungen stellt. Aber selbst unter schwerstem Artilleriebeschuß laufen überall dort, wo es noch möglich ist, die Maschinen weiter, um Waffen- und Versorgungsgüter herzustellen.

Die Moskauer „Prawda", schreibt zu dem Kampf: „Die Verluste unserer Soldaten in Berlin sind äußerst hoch." Ein englischer Rund-

Opfer der Sowjet-Willkür

14 Jugendliche kehrten aus Gefangenschaft nicht zurück

Von Redaktionsmitglied Wieland Fischer

Eisenach (TP/tiz). Über die blutigen Spuren der sowjetischen Besatzungsmacht wurde über vierzig Jahre hinweg der Mantel des Schweigens gelegt. Auch in Eisenach kommen sie jetzt ans Licht. Im Herbst 1945 inhaftierten die Sowjets 31 Eisenacher Jugendliche. Ihnen wurden Wehrwolf-Aktivitäten, Anschläge gegen die Besatzungsmacht, vorgeworfen. Von den 31 kamen 14 nicht nach Hause, erschossen oder im Lager verstorben, wie die Nachforschungen ergaben.

Einer derjenigen, die nicht wiederkehrten, war Gerhard Launert. Sein Bruder Hans-Joachim Launert konnte im Laufe der Jahre folgende Fakten recherchieren:

Im Oktober 1945 erschienen zwei Polizeibeamte, in der elterlichen Wohnung, Eisenach, Adelheidstraße 7. Das Haus wurde von russischem Militär umstellt, Eltern und Kinder mußten etwa vier Stunden unter Aufsicht in der Küche bleiben. Die Polizei erklärte, sie habe einen Haftbefehl gegen den 17jährigen Gerhard Launert. Am anderen Morgen wurde die Familie unterrichtet, daß Jugendliche bei einer Razzia aus dem Kino „Schauburg" heraus verhaftet wurden,

darunter auch Gerhard Launert. Der neunjährige Bruder Hans-Joachim durfte Kleidung und Verpflegung in das damalige Amtsgericht, heutige Kreisgericht Eisenach, bringen. Er wurde, als sich das Tor öffnete, Zeuge, als acht bis zehn Lkw's mit hoher Beplankung aus dem Hof fuhren. Auf den Wagen standen Jugendliche, die unter starker Bewachung, mit zugebundenen Augen abtransportiert wurden. Eine Nachricht über den Verbleib oder die Gründe der Verhaftung wurden der Familie nie mitgeteilt. Nach einigen Jahren kam Horst Kirchner, einer der mitverhafteten Jugendlichen aus der Nachbarschaft, wieder nach Hause. Er brachte TBC, Bein- und

Armamputationen mit. Erzählen durfte er nichts, sonst drohte eine erneute Verhaftung. Die Suche der Eltern nach dem Sohn blieb ergebnislos. Anfang der 50er Jahren erhielt die Familie eine Schreiben vom Rat des Kreises, Abteilung Inneres, mit dem Hinweis, den Sohn für Tod zu erklären. Erst Erbschaftsangelegenheiten zwangen die Geschwister in späteren Jahren zu diesem Schritt. Dabei konnte der jüngere Bruder Werner Einblick in ein Registerbuch werfen, wo eine ganze Seite über den Vermißten notiert war. Am 20. September 1979 traf die Sterbeurkunde ein, darauf stand: Gerhard Launert ist am 13. Mai 1948 in der UdSSR verstorben. Nach Wende mußte die Familie eine andere Entdeckung machen: Gerhard gehörte zu denjenigen, die in Weimar bei Verhören im Landesgericht zwischen Herbst 1945 und Frühjahr 1946 erschossen wurden. Ihrer soll am 9. Oktober bei einer Einweihung einer Tafel in Weimar gedacht werden.

Eisenacher Tagespost 6.10.1992

Gerhard Launert: Als 17jähriger wurde er von den Sowjets verhaftet. Wenige Monate später, zwischen 1945 und 1946, erschossen sie ihn im Weimarer Landesgericht. Foto: Repro

Anmerkungen

[1] An diesem Tage beschrieb J.Goebbels die militärische Lage in Pommern vom Tage zuvor folgendermaßen:

> „An der pommerschen Front halten die schweren Kämpfe mit den nach Norden vordringenden Sowjets an. Aus seinem Einbruchsraum zwischen Dramburg und Labes kam der Feind bis hart südlich Regenwalde und Schivelbein vor. Östlich Schivelbein überschritt er die Bahn Schivelbein-Bad Polzin. Feindliche Spitzen stehen etwa 20 km südöstlich von Naugard. Aus dem Raum Arnswald in Richtung Stargard drängte der Feind unsere Linie hart östlich und südlich Stargard zurück. Zwischen Pyritz und Bahn stiessen die Bolschewisten bis in die Gegend 15 km östlich Greifenhagen vor. Aus dem Einbruchsraum Bublitz-Rummelsburg heraus, wo unsere Gegenangriffe nicht durchschlugen, konnte der Feind weiter nach Westen vordringen. Er steht jetzt etwa 10 km südöstlich und nordöstlich von Belgrad sowie zwischen Köslin und Schlawe. Auch in Richtung Osten konnte der Feind an der Straße nach Bütow einige Kilometer Boden gewinnen. Von hier aus besteht wieder eine eigene zusammenhängende Front, die etwa 20 km südlich von Bütow im allgemeinen in südöstlicher Richtung bis Mewe verläuft."

[2] Aus der am 10./11. März 1945 in Stettin erschienenen Pommerschen Zeitung:

Es starben für Führer ✠ Volk und Vaterland

Erwin Feldt, Obergefr., Ursula Feldt, geb. Schmiedeberg. Stettin, Friedbornstr. 25.

Heinz Plotzke, Obergefr., Inh. des EK. 2. Kl. u. and. Ausz. Familie Plotzke, Frauendorf, Birkenweg 96.

Ulrich Silbersdorff, Funker, Inh. d. EK. 2. Kl. Ww. Else Silbersdorf, geb. Behm. Stettin, Togostraße 5.

Horst Körtzsohn, Feldwebel und Zugführer, Inh. d. KVK. m. Schw. Elfriede Körtzsohn, geb. Lenz. Stettin, Martin-Luther-Str. 1a.

Kurt Freytag, Obgefr. Die Eltern, Christinenberg, Kr. Naugard.

Horst Lietz, Grenadier. Karl Lietz und Frau. Stettin, Frankenstr. 8a.

Gotthard Wagner, Obergefr. und RUB. Otto Wagner und Frau. Karlshagen I.

Berthold Trekel, Oberzahlmeister. Margarete Trekel, geb. Peters. Schwerin/Meckl., Bismarckstr. 79.

Willy Krüger, Stabsgefr., Inh. d. EK. 2. Kl. u. and. Ausz. Frau Käte Krüger, geb. Judisch. Stettin, Pladrinstr. 9.

Standgerichtsurteile. Folgende Soldaten, die sich ohne Erlaubnis im hiesigen Bezirk aufhielten und durch die Streifen aufgegriffen wurden, sind durch das Standgericht wegen Fahnenflucht bzw. wegen unerlaubter Entfernung von der Truppe zum Tode verurteilt worden: 1. Der Uffz. Günther Rüppel, geb. 10. 1. 17, wohnhaft im Kreis Templin. 2. Der Obergefreite Kurt Gröschke, geb. 28. 11. 12, wohnhaft im Kreis Templin. 3. Der Obergefreite Kurt Böttcher, geb. 1. 12. 13, wohnhaft im Kreis Anklam. 4. Der Obergefreite Heinz Jeratsch, geb. 9. 6. 14, wohnhaft in Groß-Berlin. 5. Der Gefreite Bernhard Dorsch, geb. 30. 6. 25, wohnhaft im Kreis Thorn (Westpr.). 6. Der Soldat Werner Beissel, geb. 27. 10. 18, wohnhaft im Kreis Breslau. 7. Der Gefreite Wilhelm Syriste, geb. 21. 12. 12, wohnhaft im Kreis Landsberg/Warthe. 8. Der Obergefreite Heinrich Röhrig, geb. 27. 5. 12, wohnhaft im Kreis Freiberg/Sachsen. 9. Der Obergefreite Alfred Maier, geb. 24. 12. 25, wohnhaft im Kreis Tuchel. 10. Der Obergefreite Walter Selbt, geb. 9. 1. 20, wohnhaft im Kreis Herrenhut (OL.). 11. Der Funker Alois Hupfau, geb. 15. 10. 24, wohnhaft im Kreis Innsbruck. 12. Der Matrosengefreite Stefan Ropella, geb. 15. 10. 24, wohnhaft im Kreis Konitz. Sie wurden inzwischen erschossen. So ergeht es jedem, der in der Entscheidungsstunde seines Volkes seine Pflicht versäumt und — gleich aus welchem Grunde — seine Truppe verläßt oder sich als Versprengter nicht schnellstens wieder einer Truppe anschließt oder sich bei einer militärischen Dienststelle meldet. Die Bevölkerung wird nochmals gewarnt, derartige Elemente Unterkunft zu gewähren oder ihnen sonstwie Vorschub zu leisten. Jeder ist bei Meldung eigener schwerer Bestrafung verpflichtet, verdächtige Soldaten zur Anzeige zu bringen und zu ihrer Ergreifung beizutragen. Strasburg (Um.), den 26. Februar 1945. Der Befehlshaber der Sperr- und Auffanglinie I. ℋ-Obergruppenführer und General der Waffen-ℋ und Polizei.

[3] „Das Berliner Tor ist neben dem Königstor das zweite barocke Prachttor, das König Friedrich Wilhelm I. von Preußen nach 1720 errichten ließ. Der Entwurf stammt vom Festungsbauingenieur Cornelius Walrawe, die Ausschmückung von den Bildhauern Damart (1725) und Meyer (1749). Das Innere dient heute Ausstellungs- und Verkaufszwecken. An der westlichen Seite erinnert auch jetzt noch eine lateinische Inschrift an ein Stück Stadtgeschichte; die Übersetzung lautet:, Friedrich Wilhelm, König von Preußen, kaufte das Herzogtum Stettin, das den brandenburgischen Kurfürsten übertragen, den Herzögen von Pommern unter Lehnshoheit zurückgegeben wurde und später durch das Schicksal an Schweden gekommen war, in gerechten Verträgen und für einen gerechten Preis bis zur Peene, erwarb es und verleibte es seinem Staate wieder ein im Jahre 1719 und ließ dieses Brandenburger Tor erbauen.'"

Zitiert aus dem „Reiseführer Stettin" von Cnotka (S.115f.).

[4] KLV = Kinderlandverschickung.

[5] Am 9. März 1945 beschrieb J. Goebbels die militärische Lage bei Stettin vom Tag zuvor folgendermaßen:

> „Im pommerschen Raum scheiterten starke Panzerangriffe an der Stellung südlich Stettin, während es den Sowjets gelang, nördlich Stargard bis nach Altdamm vorzudringen. Damit ist die Gefahr der Aufspaltung des Stettiner Brückenkopfes gegeben. Nach schweren Kämpfen konnte der Gegener in Gollnow eindringen. Ebenso gelang es ihm, den Brückenkopf von Wollin einzudrücken."

[6] A.a.O., S.55-57.

[7] Die Altersangabe stimmt hier sehr wahrscheinlich nicht. Die meisten von uns waren wohl jünger, nicht nur Klaus-Ulrich Leistikow (geb. am 15.4.29), Hans Hedemann (25.8.30) und ich (8.6.29).

[8] Nach dem Nachtmarsch aus Altdamm gab es für unsere Kompanie einen Zwischenaufenthalt in Stettin-Nemitz. Von dort konnte ich noch einmal kurz mein nicht weit entferntes Elternhaus in Stettin-Braunsfelde aufsuchen.

[9] Vgl.I. Gudden-Lüddeke, S.118f.

[10] Lindenblatt, S.275 und S.310.

[11] Thorwald, Es begann an der Weichsel, S.25.

[12] Thorwald, a. a. O., S.27.

[13] Le Tissier, S.56-58.

[14] Lindenblatt, S.145-47.

[15] Vgl. Marschall Schukow, Erinnerungen und Gedanken
18. Kapitel: Vormarsch auf Berlin
19. Kapitel: Die Operation Berlin

[16] Le Tissier, S.148f.

[17] Axmann, S.416.

[18] Zilm, S.195.

[19] Lindenblatt, S. 335.

[20] Zilm, S. 184.

[21] Smelser / Zitelmann, S.11.

[22] Lindenblatt, S.340.

[23] Mammach, S. 168-170.

[24] Mammach, S. 182-185.

[25] Mammach, S.60-62.

[26] Leonhardts Buch „Lieder aus dem Krieg" enthält dieses Lied nicht. Wahrscheinlich ist es erst kurz vor Kriegsende entstanden, vermutlich sogar speziell für die 10 HJ-Divisionen, deren Aufstellung Hitler noch Anfang April 45 befahl und von denen eine in der Festung Stettin eingesetzt werden sollte. (Vgl. Zilm, S.187.)
Die hier beschriebene Musterung war vermutlich Teil dieser Rekrutierungsaktion.

[27] Zilm, S. 184.

[28] Zilm, S.187.

[29] Lindenblatt, S.335.

[30] Thorwald, Das Ende an der Elbe, S.11.

[31] J. von Schaulen, Hasso von Manteuffel, S.200-202.

[32] Thorwald, Das Ende an der Elbe, S.49-51.

[33] Thorwald, a.a.O., S.54f.

[34] Dollinger, a.a.O., S.117.

[35] Jochen von Lang, a.a.O., S.340.

[36] Vgl. den Artikel in der „Eisenacher Tagespost" vom 6.X.1991 (s. Anhang) von Wieland Fischer.

[37] Rossdeutscher, a.a.O., S.95-107.

[38] Lindenblatt, a.a.O., S.339-343.

[39] Schultz-Naumann, a.a.O., S.170.

[40] Lindenblatt, a.a.O., S.356. Die Datierung stimmt hier nicht. Tatsächlich beging Hitler Selbstmord am 30. April 45 gegen 15.30 Uhr. (Vgl. A.Axmann, a.a.O., S.445.)

[41] Schultz-Naumann, a.a.O., S.83f.

[42] Jutta Rüdiger, a.a.O., S.317f. und 305f.

[43] Grube/ Richter, a.a.O., S.143f.

[44] Vgl. Anm. 36.

[45] Willi Neuhoff: Erich Spiegel – 1945 erster Nachkriegsbürgermeister in Stettin. (Zs.-Aufsatz im „Stettiner Bürgerbrief Nr. 24, 1998, S.60-63.)

[46] Dollinger, a. a. O., S.246.

[47] Kleine Korrektur: Die „Wilhelm Rust" legte am 1. Mai 45 im Rostocker Hafen ab und nicht in Warnemünde.

[48] Schultz-Naumann, a.a.O., S.114.

Literatur

Axmann, Artur: Hitler-Jugend. Das kann doch nicht das Ende sein. Hitlers letzter Reichsjugendführer erinnert sich, Koblenz 1995, 1995[2].

Cnotka, Hans-Günter (Hrsg.):Reiseführer Stettin, Leer 1991.

Dollinger, Hans (Hrsg.): Die letzten hundert Tage. Das Ende des zweiten Weltkrieges in Europa und Asien, München 1965.

Goebbels, Joseph: Tagebücher 1945. Die letzten Aufzeichnungen, Hamburg 1977.

Granzow, Klaus (Hrsg.): Meine Heimat Pommern. Die letzten Tage. Erinnerungen an Flucht und Vertreibung, Augsburg 1989.

Greiffenhagen, Martin: Jahrgang 1928, München 1988.

Grube, Frank/ Richter, Gerhard: Flucht und Vertreibung. Deutschland zwischen 1944 und 1947, Hoffmann und Campe Verlag o. J., Lizenzausgabe.

Gudden-Lüddeke, Ilse (Hrsg.): Chronik der Stadt Stettin, Leer 1993.

Helm, Rudolf: Volkssturm – Saga, Kassel 1961.

Krause, Rudi: Noch 40 Kilometer bis Stettin. Kampf eines Panzerjagdkommandos in Pyritz/ Pommern, Kiel 1989.

Lang, Jochen von: Der Sekretär. Martin Bormann: Der Mann, der Hitler beherrschte, Stuttgart 1977.

Leonhardt, Rudolf Walter: Lieder aus dem Krieg, München 1979.

Le Tissier, Tony: Durchbruch an der Oder. Der Vormarsch der Roten Armee 1945, Augsburg 1997.

Lindenblatt, Helmut: Pommern 1945, Leer 1984, 1993[2].

Mammach, Klaus: Der Volkssturm. Das letzte Aufgebot 1944/45, Köln 1981.

Murawski, Erich: Die Folgen der Frontzertrümmerung ostwärts der Oder. (Siehe oben: Klaus Granzow (Hrsg.): S.76-85).

Paul, Wolfgang: Der Endkampf um Deutschland 1945, Esslingen 1976. Kapitel 22: Im Stettiner Brückenkopf.

Rüdiger, Jutta (Hrsg.): Die Hitler-Jugend. Selbstverständnis und Aufgabengebiete, Lindhorst 1983, Schnellbach 1998[4].

Schaulen, Joachim von: Hasso von Manteuffel. Panzerkampf im Zweiten Weltkrieg, Berg am See 1983.

Schultz-Naumann, Joachim: Mecklenburg 1945, München 1989, 1990[2].

Schukow (Marschall): Erinnerungen und Gedanken, Stuttgart 1969.

Seidler, Franz W.: Deutscher Volkssturm. Das letzte Aufgebot 1944/45, München 1989, Augsburg 1999[2].

Smelser, Ronald/ Zitelmann, Rainer (Hrsg.):Die Braune Elite I. 22 Biographische Skizzen, Darmstadt 1989, 1993[3].

Thorwald, Jürgen: Es begann an der Weichsel. Stuttgart o. J., 8. Auflage.

Thorwald, Jürgen: Das Ende an der Elbe, Bertelsmann-Lesering.

Wapnewski, Friedrich: Geschichte des Schiller-Realgymnasiums zu Stettin (Bamberger Fotodruck o. J.).

Zilm, Franz-Rudolf: Die Festung und Garnison Stettin, Osnabrück 1988.

Greifswalder Zeitung (Parteiamtliche Zeitung der NSDAP, Gau Pommern): Ausgabe
vom 13. Februar 1945.

Pommersche Zeitung (Parteiamtliche Zeitung der NSDAP, Gau Pommern): Ausgaben
vom 9.März 1945, vom 10./11.März, 13. März, 17./18.
März, 23. März, 24./25. März, 27. April 1945.

Zeitzeugenberichte:

Finkbeiner, Käthe: Unveröffentlichte Aufzeichnungen über ihr Schicksal als „Reparationssklavin" in der Sowjetunion 1945-49. (Bundesarchiv D-56064 Koblenz.)

Nemitz, Max: Verweht. Menschenschicksale im Weltenbrand. Aus dem Erleben nacherzählt (Schreibmaschinenmanuskript). Bundesarchiv D-56064 Koblenz.

Nemitz, Max: Pommernschicksal. Ein Erlebnisbericht aus den Jahren 1945-49. Im Selbstverlag hrsg. von Werner Nemitz 1975. (Bundesarchiv D-56064 Koblenz.)

Rossdeutscher, Karl-W.: VOMAG (Volksoffizier mit Arbeitergesinnung). Unveröffentlichte Aufzeichnungen über seine Militärdienstzeit 1939-45. (Bundesarchiv D-56064 Koblenz.)

Taube, Hannelore: Tagebuch einer Fünfzehnjährigen aus den Jahren 1944-48 mit Aufzeichnungen über den Neu Kolziglower Gutstreck. (Vgl. die Erinnerungen der Gutsbesitzerin Emmi von Puttkammer aus Neu Kolziglow in dem Buch: Der Kreis Rummelsburg. Ein Schicksalsbuch, 1985, S.213-20, hrsg. vom Heimatkreisausschuß Rummelsburg mit Förderung durch den Landkreis Soltau – Fallingbostel, bearbeitet von Hans – Ulrich Kuchenbäcker.) (Bundesarchiv D-56064 Koblenz.)

Abbildungen

Abb. 1   Quelle: Zilm, Die Festung und Garnison Stettin, S.237.

Abb. 2   Quelle: Zilm, Die Festung..., S.237.

Abb. 3   Quelle: Zilm, S.239.

Abb. 4   Quelle: Dollinger, Die letzten hundert Tage, S.110.

Abb. 5   Quelle: Zilm, S.240.

Abb. 6   Quelle: Karte von Pommern. 1:300 000
                  (Institut für Angewandte Geodäsie).

Abb. 7   Quelle: Dollinger, S.145.

Abb. 8   Quelle: Schultz-Naumann, Mecklenburg 1945, S.87.

Abb. 9   Quelle: Eine Pommernkarte mit Deutschlands Grenze 1937.